Klotz & Klotz

TAUCHEN IN ÖSTERREICH

Erste Gesamtübersicht vom Achen- bis zum Zellersee

W0178514

EDITION HERANT

Anmerkung

Alle in diesem Tauchführer enthaltenen Angaben und Daten wurden von den Autoren nach bestem Wissen zusammengestellt und überprüft. Die Angaben stammen aus Eigenrecherchen bzw. wurden sie von Taucherkollegen, Tauchclubs, Tauchschulen, dem Tauchsportverband Österreich (TSVÖ), Tourismusverbänden, Bezirkshauptmannschaften und Ämtern der Landesregierungen zur Verfügung gestellt. Dennoch können sachliche Fehler nicht völlig ausgeschlossen werden. Alle Angaben, Daten und Hinweise erfolgen deshalb ohne jede Verpflichtung oder Garantie der Autoren oder des Verlages. Für etwaige inhaltliche Unrichtigkeiten übernehmen weder die Autoren noch der Verlag irgendeine Verantwortung oder Haftung. Redaktionsschluß war der 31. 8. 1995

Dank

Es war nicht ganz leicht, dieses Buch in nur vier Monaten aus dem Boden zu stampfen. Daß dies trotzdem möglich war, verdanken wir den vielen Tauchern und Tourismusmanagern, deren detaillierte Angaben es erst ermöglicht haben, die Idee von einem gesamtösterreichischen Sporttauchführer zu realisieren. Bedanken möchten sich die Autoren vor allem beim TSVÖ, dessen Präsident Johannes Dworak und dessen Funktionäre viele Basisinformationen geliefert haben. Und die Fachreferenten des TSVÖ haben trotz ihrer starken beruflichen Auslastung ihr Teil zum Gelingen beigetragen.

Der Dank der Autoren gilt auch den Dutzenden Tauchschulen und -basen, die unsere Idee begeistert augegriffen und mit Rat und Tat unterstützt haben – Alois, Peter, Dieter, Günther: ohne Euch wären wir nie so weit gekommen.

Ein spezielles Danke gilt Ernst Seeling, der mit seinen oft preisgekrönten Fotos dieses Buch echt bereichert.

Wir möchten auch ganz herzlich Jo Santos und Peter Moser für die graphische Gestaltung und Beppo Frühwirth von der Edition Herant für die verlegerische Betreuung unseres Projekts danken.

Paulina und Oswald Klotz

INHALTSVERZEICHNIS TAUCHBUCH

Liebe Tauchsportfreundinnen und -freunde

Sie halten mit diesem Buch einen Tauchführer in Händen, der von seinem frühesten Planungsstadium an gleich mehrere Ziele verfolgte. Er ist eine Premiere und in seiner Art einzigartig. So ist es der erste Tauchführer, der nicht nur einzelne Bundesländer oder Seengebiete, sondern ganz Österreich umfaßt, der auf Grund einer journalistisch beinharten monatelangen Recherche alle betauchbaren Seen erfaßt und alle Gewässer, die zwar schön, aber – aus welchen Gründen auch immer – verboten sind, dezidiert anführt, der konkrete Hinweise auf alle taucherischen Infrastrukturen gibt, der großen Wert auf Umweltschutz legt und auch an die nicht-tauchende Begleitung denkt. Österreich ist ein schönes Land und bietet Sporttauchern zahllose traumhafte Taucherlebnisse. Fast alle Seen haben Trinkwasserqualität, die Fauna ist – wenn auch anders als im tropischen Meer – wundervoll, und auch für den Unterwasserfotografen bieten sich in Österreichs Tauchgewässern zahllose preisverdächtige Motive. Schon aus purem Eigeninteresse möchten wir, daß das so bleibt. Wir gehen davon aus, daß verantwortliche Sporttaucherinnen und Sporttaucher darauf Bedacht und Rücksicht nehmen. Nur so können wir eine totale Tauchsperre von noch mehr Seen vermeiden. Die Verärgerung mancher Seenbesitzer ist ja durchaus verständlich: Welcher Eigentümer eines Gartens mit einem schönen Swimmingpool darin hat es schon gern, wenn wildfremde Menschen – ohne zu fragen – das Gartentor öffnen, die Wiese stürmen und in seinen Pool springen? Was wir damit sagen wollen: Auch Österreichs Seen gehören irgend jemandem. Und so ist es das Gebot der primitivsten Höflichkeit, vor einem geplanten Tauchgang beim jeweiligen Besitzer – sei es nun ein Graf, eine Fischereigemeinschaft oder die Bundesforste – um Erlaubnis zu fragen. Der „Tauchführer Österreich" liefert auch dafür die notwendigen Angaben.

Die Frage „Darf man – oder darf man nicht?" ist zumindest für deutsche Taucher fast schon eine „Existenzfrage", seit praktisch ganz Bayern für taucherische Aktivitäten gesperrt ist. In Österreich darf man in vielen Seen gottseidank – noch – tauchen. Aber auch hier besteht die Tendenz zum Tauchverbot, wie das z.B. das Bundesland Salzburg bereits praktiziert. Die Situation ist delikat. Ein Versuch, der teilweise recht heftig geführten Diskussion die Spitze zu nehmen, ist die DiveCard, die für eine Jahresgebühr von 120 Schilling zu haben ist. Vor allem in den Salzkammergutseen machen viele Tauchbasen das Flaschenfüllen vom Erwerb oder Besitz einer solchen DiveCard abhängig. Sie schließt u.a. auch eine Bergversicherung ein. Demjenigen allerdings, der mit bereits gefüllten Flaschen und auch sonst komplett ausgerüstet anrückt, dem winkt auch ohne Plastikkärtchen ein ungetrübtes Tauchvergnügen.

Gegen DiveCard und diverse Tauchverbote steht ein vom Tauchsportverband Österreich (TSVÖ) eingeholtes Rechtsgutachten eines renommierten Verwaltungsrechtlers. Darin wird festgehalten, daß das Tauchen dem Baden bzw. Schwimmen gleichzuhalten sei. Im Klartext: Überall dort, wo das Schwimmen erlaubt ist, ist automatisch auch das Tauchen erlaubt. Viele Behörden und Bürgermeister wollen das aber nicht wahrhaben. Auf gezielte Anfragen warten sie mit oft recht fadenscheinigen Begründungen auf, warum das Tauchen in diesem oder jenem Gewässer verboten sein soll – obwohl sie genau wissen und auch zugeben müssen, daß es kein rechtlich haltbares Verbot gibt. Vielen ist eben das Hemd näher als der Rock. Die Konsequenz: Wir Taucher müssen eben selbst für unser gutes Image sorgen.

Einem Taucher zu sagen, daß die österreichischen Seen wundervolle Tauchgewässer sind, heißt eigentlich, Eulen nach Athen zu tragen. Aber mit dem Tauchen allein ist es ja noch nicht getan. Sie und wir wissen, daß Tauchen nicht ausschließlich unter Wasser stattfindet. Wir Taucher schätzen gutes Essen und sind auch einem guten Schluck nicht abgeneigt – schließlich braucht ein dehydrierter Körper viel flüssigen Nachschub (falls man nicht schon während des Tauchgangs die Trinkwasserqualität der Seen zu sehr genossen hat).

Dies alles hat Österreich mit seiner gepflegten Gastlichkeit in reichem Maße zu bieten, genauso wie die gratis mitgelieferte grandiose Landschaft. Zudem bemüht man sich hierzulande sehr, Unterhaltung für jeden Geschmack anzubieten. Ob Blasmusik oder uralte Klöster, ob gemütliches Kegeln, luftiges Parasailing, Gipfelsieg oder donnernde Wildwasserfahrten – für jeden Mut, für jedes Alter und für jeden Geschmack ist sicher etwas dabei, was unendlich Spaß macht. Vor allem aber das Tauchen. Deshalb meinen wir: Ob Sie Österreicher sind oder aus dem Ausland kommen – tauchen Sie unter in Österreich, und dazu wünschen wir Ihnen „Gut Luft!"

Paulina und Oswald Klotz

PS: Nobody is perfect, auch die Autoren dieses Tauchführers sind es nicht. So sehr wir uns auch um Präzision bemüht haben – es sind uns sicherlich etliche Fehler unterlaufen. Deshalb wäre es großartig und sehr wichtig, wenn Sie Ihre Erfahrungen, Ihre Wünsche und auch Ihre Kritik dem Verlag mitteilten. Ihr Feedback wird dann in die nächste Auflage einfließen.
Die Adresse: Edition Herant, Kennwort „Tauchen", Schottenfeldgasse 53, A-1070 Wien.

Vielen Dank!

Faszination Tauchen –
aber mit Verantwortung!

TEXT VON: Dr. Ursula Denison,
Leiterin der medizinischen Kommission des TSVÖ

Tauchen in Österreich stellt zum Tauchen in warmen Gewässern eine hervorragende Alternative dar. Gerade das Tauchen in glasklaren Bergseen bietet den Sinnen der Taucher Einmaliges. Allerdings finden Sie nicht in jedem österreichischem See ideale Bedingungen. Oftmals kann die Sicht durch Schneeschmelze oder plötzliche Wetteränderung mit Regenfällen beeinträchtigt werden. Auch sind österreichische Seen meist tief und kalt. Sie erfordern ein hohes Wissen um die Gefahren, die durch diese Umstände entstehen können. Tauchen erfordert keine überdurchschnittliche oder psychische Belastbarkeit. Eine gute und intensive Ausbildung mit entsprechender Vorbereitung auf alle Notsituationen, die beim Betreiben dieser Sportart auftreten können, ist aber unerläßlich. Nur so ist der Tauchsport ungefährlich.

Ich möchte kurz einige Probleme in Erinnerung rufen, die speziell beim Tauchen in kalten und hochgelegenen Gewässern mit wechselnder Sicht auftreten können. Die Wassertemperatur österreichischer Gewässer erreicht bereits in geringen Tiefen sehr rasch die $4°$-Grenze. Viele Taucher verwenden auch heute noch den Naßtauchanzug. Der Naßtauchanzug ermöglicht große Bewegungsfreiheit, kann jedoch, trotz gutem Sitz und entsprechender Materialart und Materialdicke, die Wärmeabgabe an das Wasser nicht drastisch senken.

In kalter Umgebung wird Wärme durch Leitung an das umgebende Wasser abgegeben. Der Wärmetransport hängt u.a. – wie zuvor schon erwähnt – auch von der Art des Tauchanzugs ab. Ein einstündiger Aufenthalt im Wasser bei einer Temperatur von $1°C$ entspricht einem 14stündigen Aufenthalt an der Oberfläche bei $-4°C$. Die Temperaturempfindlichkeit sinkt durch Alkoholgenuß subjektiv, die Gefäße werden jedoch erweitert, und Wärme wird in erhöhtem Ausmaß an die Umgebung abgegeben. Der Körper reagiert auf diesen Wärmeverlust anfangs durch Kältezittern, Erhöhung des Pulses und des Blutdrucks, gefolgt von Bewegungseinschränkung und erschwerter Atmung. Ein Ansteigen des Pulses und des Blutdrucks bedeutet aber wieder vermehrte Kreislauftätigkeit und eine damit verbundene Erhöhung der Stickstoffaufnahme.

Auch der gut sitzende, dicke, aus gutem Material hergestellte Naßtauchanzug kann diese Tatsachen nicht ändern. Betrachtet man nun die Deko-Tabelle „Deco 92", so wird auch dort auf das Problem der vermehrten Stickstoffsättigung durch Kälte näher eingegangen. Bei Tauchgängen in kalten Gewässern ist nämlich die nächsthöhere Grundzeit zur Ermittlung von Dekozeit und Dekostufen zu wählen. Für uns Sporttaucher gilt daher nach wie vor der folgende Grundsatz: Sporttaucher tauchen grundsätzlich in der Nullzeit!

Bei jedem Tauchgang in der Nullzeit ist ein freiwilliger Stopp von drei Minuten in drei Metern Tiefe einzulegen!

Neben der Kälte spielt auch die Höhe der österreichischen Seen bei der Tauchgangsplanung und -berechnung eine wesentliche Rolle. Eine große Zahl österreichischer Gewässer liegt etliche Hundert Meter über dem Meeresniveau, sind also Bergseen. Da mit zunehmender Höhe der Luftdruck geringer wird, sind für Bergseen eigene Dekotabellen gültig. Bitte informieren Sie sich vor dem Gebrauch Ihrer Dekotabelle darüber, bis zu welcher Seehöhe der Gültigkeitsbereich definiert ist. Außerdem sollten Sie unbedingt in Betracht ziehen, daß Sie bei der Heimfahrt einem zusätzlichen Druckabfall ausgesetzt sind, wenn Sie Paßstraßen benützen. Dieser Druckabfall kann, wie auch das Fliegen nach Tauchgängen, die Entstehung von Druckkrankheiten begünstigen.

Zuletzt möchte ich noch den Tiefenrausch und die oftmals damit verbundene Panikreaktion als Hauptauslöser für sehr viele Tauchunfälle in Österreich erwähnen. Österreichs Seen verlieren mit zunehmender Tiefe rascher an Helligkeit, als Sie es vielleicht von Tauchgängen im Meer gewohnt sind. In Extremsituationen, wie ich sie bereits oben erwähnt habe, können sich die Sichtverhältnisse blitzschnell deutlich verschlechtern. Die Sichtweite beträgt dann unter Umständen weniger als einen halben Meter. Schlechte Sicht und Kälte sind zusätzliche Faktoren, die das Auftreten des Tiefenrausches und, damit engst verbunden, die Panikreaktion schon in geringer Tiefe deutlich fördern.

Der enge Kontakt zum Tauchpartner, das Tauchen in kleinen Gruppen und vor allem das frühzeitige Erkennen von Panikreaktionen oder von Situationen, die zu Panikreaktionen führen können, zeichnet den guten und verantwortungsbewußten Taucher aus.

Wenn Sie die Absicht haben, in österreichischen Gewässern zu tauchen, so wählen Sie einen Ihrem Können entsprechenden See. Reisen Sie ohne Hektik und Streß an, genießen Sie die österreichische Gastfreundschaft und planen Sie Ihren Tauchgang überlegt und in Ruhe. Informieren Sie sich rechtzeitig über Notrufnummern und diensthabende Ärzte, und lassen Sie die Faszination der österreichischen Seen auf sich wirken.

Tauchen und Umweltschutz

TEXT VON: Doz. Dr. Harald Schwammer,
*Biologe und allgemein beeideter gerichtlicher
Sachverständiger für Arten- und Naturschutz*

Das Tauchen ist zum Volkssport geworden, wobei abhängig von den großen Tauchorganisationen teilweise unterschiedliche Zielrichtungen zu finden sind. Einerseits das sportliche Tauchereignis, das eher als Relikt der Tauchpionierzeit anzusehen ist, und andererseits der Tauchgang als Naturerlebnis, was immer mehr dem heutigen Zeitgeist entspricht. Dieser unmittelbare Naturkontakt und die eigene Erfahrung mit der Natur sind es auch, die Taucher für die Umweltprobleme sensibilisierten. Sie sind selbst direkt Betroffene von Gewässerverunreinigungen, die durch Versenken von Müll und Einleitung von Abwässern aller Art verursacht werden.

Von allen Wassersportlern hat der Taucher das intensivste Kontakterlebnis und kann deshalb sogar als Indikator wirken und Dinge oder auch Beobachtungen an die Oberfläche bringen, die viele am Wasser anhängige Parteien nie sehen oder zu spät sehen würden, z. B. erste Anzeichen von Eutrophierungen, oder, noch viel schlimmer, vorsätzlich nie sehen wollen, wie z. B. Giftfässer oder aber auch Autowracks.

Wie bei jeder Freizeitbeschäftigung in der Natur gibt es auch bei der Ausübung des Tauchens bei lokaler Konzentrierung Konflikte mit dem Ökosystem. Unter Ökosystem versteht man das vielfältige Zusammenwirken (Wirkungsgefüge) von unbelebter Natur (Klima, Gesteine, Geländeformen, etc.), Pflanzen, Tieren und Menschen innerhalb eines bestimmten Raumes. In Ökosystemen zeigt sich, daß sämtliche in dem Biotop existierenden Lebewesen durch direkte und indirekte Beziehung miteinander verbunden sind, und dieses Verbundensein der Arten untereinander resultiert in einem System, das man als biologisches Gleichgewicht bezeichnet.

Alles hängt also wie ein Mobile zusammen und voneinander ab, und bereits geringfügige Einwirkungen können sich auf das gesamte Ökosystem gravierend auswirken. Wenn das Ausgleichsvermögen dieses Systems überlastet wird, kommt es zu Umweltveränderungen bzw. nach Ökosystembelastungen sogar zu Ökosystemschäden.

Konkret entstehen beim Tauchsport direkte Konflikte durch Belastungen im Uferbereich und im Gewässer selbst:

Belastungen im Uferbereich: Primärer Schädigungsfaktor ist das Zertreten von Ufervegetation, Zerstörung von Wasserpflanzen an der Wasseroberfläche und auch unter Wasser. Außerhalb des Wassers kommt es zur Störung der dort lebenden Tiere, wie z. B. Wasservögel, die ihre Brut-, Nist- und Rückzugsgebiete in spezifischen Teilen der Uferregionen haben. Im Flachwasserbereich ist zu unterschiedlichen Jahreszeiten auch der Fischlaich gefährdet.

Vermehrt gibt es Konflikte durch das Füllen von Preßlufttauchgeräten mit Kompressoren, die neben Lärm auch entsprechende Abgase verursachen.

Belastungen im Gewässer: Wie im Uferbereich und im Flachwasser ist auch in tieferen Regionen der Pflanzenbestand beim massiven Auftreten von Tauchern gefährdet.

Zwei beachtenswerte Konflikte sind näher zu definieren:

1. Sedimentationsaufwirbelung: Durch unachtsames Verhalten von Tauchern können Sedimente vom Seeboden aufgewirbelt werden, was sich konkret in zwei Richtungen negativ auswirken kann: Einerseits werden durch das Aufwühlen von Sedimenten bereits abgesenkte Pflanzennährstoffe erneut in die Wassersäule eingebracht, was zu den befürchteten Düngeschüben führen kann und bedeutet, daß vermehrt Algenwachstum auftritt. Am meisten wird Sediment aufgewirbelt, wenn die Flossen Grundberührung haben. Erst in zwei bis drei Meter Entfernung vom Grund wirkt sich der Flossenschlag nicht mehr auf das Sediment des Gewässers aus. Eine starke Aufwirbelung von Sediment behindert andererseits auch den Lichteinfall und kann somit in der Folge auch die Photosynthese der Pflanzen stören. Durch Messungen ist nach Tagen noch immer eine Resttrübung in der Wassersäule feststellbar.

Natürlich ist die Auswirkung dieser Sedimentaufwirbelungen abhängig vom Gewässertyp, in dem sie auftreten. So gibt es sensible Bergseen, die davon schwerer betroffen sind als große Seen in mittleren Lagen. Ein einzelner Taucher in einem See wirkt sich kaum belastend aus. Ökologisch problematisch ist das regelmäßige Aufwirbeln von Sedimenten in bestimmten Bereichen.

2. Tiefenwasserverlagerungen: Durch die aufsteigenden Luftblasen von Tauchern werden große Mengen von Tiefenwasser nach oben verlagert. Dadurch sind als Reaktionen im Gewässer ebenfalls deutliche Eutrophierungserscheinungen festzustellen. Beide, die Sedimentationsaufwirbelung und die Tiefenwasserverlagerung, wirken sich natürlich besonders gravierend in oligotrophen, d. h. nährstoffarmen Gewässern negativ aus und stellen eine bedeutende ökologische Belastung dar. Es gibt noch immer Sportverbände, die eine Reglementierung oder ein Verbot der Unterwasserjagd ablehnen und sogar selbst Welt- und Europameisterschaften im Harpunieren durchführen. Deshalb ist in vielen Regionen der Bestand an Großfischarten bereits „leergeschossen". Die Unterwasserjagd ist deswegen völlig abzulehnen. Die Fische zeigen in Regionen, in denen viel harpuniert wird, zudem eine große Scheu. Wegen ihrer dann besonders großen Fluchtdistanz sind sie nur schwer zu beobachten. Anderen Tauchern, die das Naturerlebnis suchen, ist dieses damit genommen. Unterwasserjagd ist mutwilliges Zerstören der Unterwasserfauna.

Taucher sollten auch nur Erlebniseindrücke mit nach Hause nehmen und keine Souvenirs, sei es durch Unterwasserjagd oder auch durch schlichtes Sammeln. Behaupten gerade die Taucher, Naturliebhaber zu sein, sollte man sie auch beim Wort nehmen können.

Lösungsansätze aus der Problematik:

Der Tauchsport ist zum Volks- und Breitensport geworden. Deshalb ist grundlegend schon bei der Ausbildung Einfluß zu nehmen, um dem Tauchschüler ab der ersten Stunde zu vermitteln, daß er nicht zum Kampftaucher und Rekord-schwimmer, sondern zum Erlebnistaucher erzogen wird. Das bedeutet, daß nicht Schnelligkeit und Geschwindigkeit und damit verbundene große Strecken abge-taucht werden, sondern daß hier mit vorsichtigem, biotopgerechtem Betauchen das Naturerlebnis viel größer ist. Taucher der alten Schule prahlen noch immer, wie tief und wie weit sie tauchen, fragt man aber, welchen Fisch und welche Pflan-zen sie gesehen haben, stellt man fest, daß durch die Kampfschwimmer-Menta-lität das Macho-Image vergrößert wirde, das Naturerlebnis aber völlig auf der Strecke blieb. Durch sportliches Verhalten verschreckt man zumeist alle Fische.

Grundlegend ist ein Umdenkprozeß zu fördern, der aber Gott sei Dank auch immer mehr in das vordergründige Interesse der Freizeitwassersportler tritt und in diesem Zusammenhang auch das vermehrte Interesse an Natur- und Umweltschutz bedeutend steigen ließ.

Auch mit dem besten Willen der beteiligten Taucher wird man aber in Zu-kunft auf Reglementierungen nicht verzichten können.

Abhängig von den Gewässertypen sind Abstufungen zu treffen und Gewäs-ser zu listen, die sich aus ökologischer Sicht für den Tauchsport eignen, oder, weil sie zugleich hochwertig und empfindlich sind, eben nicht eignen:

1. Zu den letzteren gehören kleine Gewässer mit durchgehendem, naturnahem Uferbewuchs, Röhrichtgürtel, Schwimmpflanzengürtel und Unterwasserpflan-zen ohne Einstiegsmöglichkeit, z. B. über einen Steg; dann ganz kleine oligo-trophe, d. h. ganz nährstoffarme, Gewässer, deren Tier- und Pflanzenwelt auch keine Eutrophierung als Überdüngung verträgt, spezifische Gewässer, die unter besonderem Schutz stehen, abhängig von ihren lokalen Bedingungen. Diese Gewässertypen sind aus ökologischer Sicht übrigens auch für andere Wasser-sportnutzungen ungeeignet.

2. Gewässer, die zwar betauchbar sind, aber bei denen verschiedene Regionen unter Schutz gestellt sind, sei es aus fischereirechtlichen Gründen, oder aber auch wegen seltener Pflanzengemeinschaften, etc. Bei allen Einschränkungen für das Tauchen ist allerdings festzuhalten, daß keinesfalls nur vereinzelt Tauch-plätze erlaubt werden dürfen, sondern im Gegenteil ausreichend viele unter-schiedliche Möglichkeiten zum Tauchen gegeben sein sollten, denn nur das massive Auftreten zahlreicher Taucher verursacht gravierende Probleme. So ist es völliger Unsinn, in einem See nur ein oder zwei Tauchplätze freizugeben, denn dann tritt genau das Unerwünschte ein: lokale Totalzerstörung durch Kon-zentration der Taucher.

Durch Einhaltung verschiedener Verhaltensregeln können Belastungen vermieden oder zumindest auf ein tragbares Maß verringert werden:

Schon bei der Anfahrt und beim Lagern müssen die Uferzonen schonend benützt werden. Das bedeutet, daß nur fahrbare Wege benützt werden dürfen. Parken sollte man nur auf dafür bestimmten Plätzen. Ausrüstung, Auslegen und Anlegen nicht direkt am Ufer, sondern eher vom direkten Uferstreifen entfernt. Wichtig ist auch, daß für Einstieg und Ausstieg an empfindlichen Gewässern, wo möglichst wenig Ufervegetation durchquert werden soll, Stege, Bootsanleger, etc. benutzt werden. Schilf- und Wasserpflanzengürtel sind natürlich zu meiden.

Im Sinne des Umweltschutzes ist auch das Flaschenfüllen an Gewässern abzulehnen. Während des Tauchgangs selbst ist der wichtigste Punkt die korrekte Austarierung während des ganzen Tauchgangs und dabei die Unart der Überbleiung auszutreiben. Bei der Tauchausbildung kann man noch immer die Gepflogenheit beobachten, daß den Schülern sogar über 100 kg Blei umgehängt werden: Dadurch werden diese Schüler nie ein perfektes Tarieren erlernen, da sie durch die Überbleiung, niemals eine perfekte Atemtechnik erlernen. Mit der Fähigkeit, sich perfekt auszutarieren und das auch während des Tauchganges fortwährend zu tun, muß das Bewußtsein eintreten, Berührungen des Sediments und der Unterwasserflora unbedingt zu vermeiden. Fische sollen weder berührt, noch gefüttert und schon gar nicht gejagt werden. Fotografieren nur im freischwebenden Zustand!

Die Tiefenwasservermischung wird minimiert, wenn nur knapp unter der Sprungschicht getaucht wird. Gegen das Aufwirbeln von Sedimenten ist neben der Austarierung auch das harte Aufsetzen beim Abtauchen auf den Seegrund zu vermeiden. Ein ausreichender Abstand beim Überschwimmen des Seegrundes ist mindestens zwei Meter. Bereits aufgewühlte Sedimentwolken sollen nicht durchtaucht werden, da durch den Blasenstrom des Tauchers ein weiteres Vertragen des Sediments verursacht wird.

Zur Aufwirbelung führen auch die Übungen im Zuge der Tauchsportausbildung. Die ersten Tauchgehversuche sollten ohnehin in Schwimmbädern ausgeführt werden, doch auch alle Freiwasserübungen sind primär auf den dafür vorgesehenen Plattformen durchzuführen. Gerade hier kommt jedoch bei jenen der Kampfschwimmergeist durch, die sich einbilden, die Grundausbildungen mitten im Schlammgewühl machen zu müssen.

Und hier schließt sich wieder der Kreis, daß Ausbildung und Information in der Verantwortung von den Tauchschulen sind, denn durch deren Hände gehen die zukünftigen Taucher. Deshalb ist dort auch die einzige Chance, ein Natur- und Umweltbewußtsein, so es nicht ohnehin vorhanden ist, zu wecken und zu fördern, bzw. konkret die Ausbildung so auszurichten, daß nicht schon aufgrund der Ausbildung Schäden in den Gewässern verursacht werden.

Zusammenfassung: Das Tauchen kann in besonders naturnahen Seen zu ökologischen Belastungen führen, indem einerseits Sediment aufgewirbelt wird und andererseits Tiefenwasserverlagerungen stattfinden. Andere Berührungspunkte bzw. Konflikte, wie etwa die Belastung der Uferregionen, der Wasserpflanzen etc. sind durch rücksichtsvolles Verhalten minimierbar. Durch das steigende Engagement moderner Ausbilder bzw. Tauchlehrer werden die Begriffe biotopgerechtes Tauchen und Natur- und Umweltschutz immer stärker aufgegriffen und auch vermehrt Versuche gestartet, diese Bemühungen in die Realität umzusetzen. Eine sinnvolle Koordinierung über Freigabe und Reglementierung von Tauchplätzen ist nicht durch Lobbies und deren Vertreter, sondern durch wertfreie Gutachten zu treffen. Die gemeinsamen Ansätze, die im Entwickeln begriffen sind, lassen gute Chancen der Konfliktlösung erkennen.

„Rechtes Tauchen" – Tauchen und Recht

TEXT VON: Dr. jur. Heinz P. Kampfer

Leiter der juridischen Kommission des TSVÖ

Vorauszuschicken ist zunächst, daß es in Österreich kein einheitliches Tauchsportrecht in Form einer Gesetzesausgabe – wie z.B. das Strafgesetzbuch – gibt, sondern daß sich der Komplex „Tauchsportrecht" aus verschiedenen gesetzlichen Bestimmungen, teils öffentlich-rechtliche, teils privatrechtliche, zusammensetzt. Der vorliegende Artikel, der aufgrund der Eigendynamik der immer neu entstehenden Gesetze keinen Anspruch auf Vollständigkeit erhebt, soll vor allem dem begeisterten Sporttaucher als Leitfaden dienen, sein geliebtes Hobby so auszuüben, daß er nicht mit dem Gesetz in Konflikt kommt.

Aber er soll dem Taucher auch dazu dienen, den Zugang zu einzelnen Gewässern zu erleichtern, wobei dieses Vorhaben gerade in der heutigen Zeit unter dem Aspekt des oft falsch verstandenen Umweltschutzbewußtseins oftmals zum Scheitern verurteilt ist, obwohl der einzelne Taucher zum Aufdecken von Umweltsünden unter Wasser geradezu prädestiniert ist.

Von den *bundesgesetzlichen Bestimmungen* – diese gelten in der Regel für das gesamte Bundesgebiet – ist das Wasserrechtsgesetz 1959, BGBl. 215/1959 i.d.g.F. hervorzuheben. Das Wasserrechtsgesetz unterteilt die Gewässer in öffentliche und private.

Öffentliche Gewässer sind im Anhang des Wasserrechtsgesetzes namentlich aufgezählte Ströme, Flüsse, Bäche und Seen mit allen ihren Armen, Seitenkanälen und Vereinigungen. Privatgewässer sind alle übrigen Gewässer und gehören den jeweiligen Grundeigentümern; also Seen, die nicht von einem öffentlichen Gewässer gespeist oder durchflossen werden und die Abflüsse aus den vorgenannten Gewässern bis zu ihrer Vereinigung mit einem öffentlichen Gewässer.

Durch Einschau bei den jeweiligen Vermessungsämtern und im Grundbuch bei den jeweils örtlich zuständigen Bezirksgerichten kann man entnehmen, wer Grundeigentümer ist. Zu beachten ist außerdem das Waffengesetz, BGBl. 75/1989 i.d.g.F. hinsichtlich Kriegsmaterial. Der Begriff Kriegsmaterial umfaßt alle Waffen, Munitions- und Ausrüstungsgegenstände, die für den Gebrauch im Krieg speziell entworfen und adaptiert wurden. (Militärgewehre, Karabiner, Revolver und Pistolen, Maschinengewehre, Maschinenpistolen, Kanonen, Granaten, Minen, Bajonette, Helme etc.) Alle Bezug habenden Gesetze gehen ebenso wie die Judikatur des Obersten Gerichtshofes davon aus, daß Österreich unmittelbar mit dem Inkrafttreten des Staatsvertrages Eigentum an den betreffenden Vermögenswerten (hier Kriegsmaterial) erworben hat.

Demnach sind aufgefundene Waffen und Ausrüstungsgegenstände nicht für herrenlos zu halten; es besteht vielmehr die Verpflichtung, die aufgefundenen Gegenstände der zuständigen Behörde (Gendarmerie, Bundespolizeidirektion, Bundespolizeiwachstube etc.) abzuliefern bzw. den Fund zu melden, da diese ausschließlich zur Verfügung über Waffen und Ausrüstungsgegenstände berechtigt ist.

Demzufolge kommt bei Zuwiderhandlungen wegen der durch die Waffengesetznovelle 1979 unveränderten Eigentumsverhältnisse an gefundenem Kriegsmaterial aus strafrechtlicher Sicht der Straftatbestand des § 134 Strafgesetzbuch „Unterschlagung" in Betracht. Der Strafrahmen hierfür beträgt bis zu sechs Monate Freiheitsstrafe. Übersteigt der Wert des fremden Gutes öS 5.000, beträgt die Freiheitsstrafe bis zu 2 Jahren; ist jedoch das fremde Gut mehr als öS 100.000 wert, beträgt die Freiheitsstrafe bis zu fünf Jahren. Ebenfalls zu beachten hat der Taucher die Bestimmungen des Denkmalschutzgesetzes, BGBl. 167/1978 i.d.F. BGBl. 473/1990 samt Durchführungsverordnungen.

Unter dem Begriff „Denkmalschutz" sind alle jene Maßnahmen einzuordnen, die mittelbar oder unmittelbar zur Verhinderung der Zerstörung oder wesensfremder Veränderungen von Denkmalen dienen sollen.

Gemäß § 1 leg. cit. finden die in diesem Bundesgesetz enthaltenen Beschränkungen auf die von Menschen geschaffenen unbeweglichen und beweglichen Gegenstände von geschichtlicher, künstlerischer oder sonstiger kultureller Bedeutung Anwendung, wenn ihre Erhaltung dieser Bedeutung wegen im öffentlichen Interesse gelegen ist.

Werden gemäß § 9 leg. cit. bisher verborgen gewesene Gegenstände, die infolge ihrer Lage, Form oder Beschaffenheit offenkundig den Beschränkungen dieses Gesetzes unterliegen, aufgefunden, so hat der Finder und im Falle einer Bauführung der verantwortliche Bauleiter und wenn der Grundbesitzer davon Kenntnis erlangt hat, auch dieser der Bezirksverwaltungsbehörde, dem Bürgermeister oder der nächsten Dienststelle der Bundesgendarmerie bzw. der Bundespolizei sofort, spätestens aber an dem der Auffindung folgenden Tag, Anzeige zu erstatten.

Wer entgegen diesen Bestimmungen ein Denkmal zerstört, muß mit Geldstrafen bis öS 100.000 oder Arreststrafen rechnen. Aufgrund des § 7 leg. cit. kann die Bezirksverwaltungsbehörde durch Verordnungen Tauch-Verbote zur Vermeidung der Zerstörung oder Veränderung von Bodendenkmalen (z.B. wegen Pfahlbauten) aussprechen. Im Gegensatz zu den Bundesgesetzen gelten Landesgesetze nur für das jeweilige Bundesland.

Aus der Vielzahl der landesgesetzlichen Bestimmungen kommen für uns insbesondere die Naturschutzgesetze und Fischereigesetze der Länder in Betracht, die aber hier nicht näher erläutert werden können. Zusammenfassend kann man daher von öffentlich-rechtlichen Tauchverboten ausgehen, die aufgrund von Bundesgesetzen (z.B. Denkmalschutzgesetz) oder Landesgesetzen (wie z.B. Naturschutzgesetze oder Fischereigesetze der Länder) erlassen wurden. Taucht man, obwohl ein öffentlich-rechtliches Verbot besteht, muß man mit einer Geldstrafe (meist bis zu öS 30.000) durch die Behörde rechnen. Daneben gibt es auch privatrechtliche Tauchverbote. Private See-Eigentümer können aus prinzipiellen Gründen als Ausfluß ihres Eigentumsrechtes Tauchverbote aussprechen. Taucht man ohne Genehmigungen in einem Privatgewässer, dann muß man insbesondere mit einer Klage wegen Besitzstörung rechnen. Diese Klage muß jedoch binnen 30 Tagen ab Kenntnis der Störung vom jeweiligen Eigentümer beim zuständigen Bezirksgericht eingebracht werden. Die Besitzstörungsklage ist auf Unterlassung gerichtet. Bei anwaltlicher Vertretung muß mit Kosten von ca. öS 10.000 und mehr gerechnet werden.

Abschließend appelliert die juridische Kommission des TSVÖ an alle Taucher, das Image der Taucher zu erhalten bzw. zu verbessern, sind doch wir Taucher in erster Linie diejenigen, die in der heutigen Zeit eine wichtige Aufgabe in Richtung aktiven und passiven Umweltschutz erfüllen und erfüllen könnten.

Der biologische Reichtum österreichischer Gewässer

TEXT VON: Dr. Horst Moosleitner,
Leiter der wissenschaftlichen Kommission des TSVÖ

Aus biologischer Sicht erscheinen die österreichischen Gewässer in einer ungeahnten Vielfalt. Rein äußerlich reichen sie vom sprudelnden Bergbach bis zum Tieflandstrom, von Tümpeln, Teichen und Weihern zu Gletscherseen, tiefen Gebirgs- und Voralpenseen bis zu seichten Flachlandseen am Ostrand der Alpen, wo Pflanzen- und Tierarten aus alpinem und pannonischem Raum, aber auch aus asiatischen, nordischen und mediterranen Gebieten zusammentreffen und eine unglaubliche Artenvielfalt bedingen.

Die Vielfalt der oft malerischen Erscheinungsbilder der Gewässertypen spiegelt sich auch in ihren Bewohnern wider. Beschränkt sich die Pflanzenwelt der Hochgebirgswässer meist auf kaum sichtbare Algen, so sprießen in den sonnendurchfluteten Seichtwasserzonen tiefer gelegener Gewässer ganze „Wälder" von höheren Pflanzen. Diese allerorts anders zusammengesetzten und daher auch anders aussehenden Pflanzenbestände bieten die Lebensgrundlage für eine vielgestaltete Tierwelt. Die heimische Flußszene erstreckt sich über vier Regionen (Forellen-, Äschen-, Barben- und Brachsenregion) mit ihren typischen Vertretern an Pflanzen, niederen Tieren (Insektenlarven, Käfern, „Würmern", Schnecken, Muscheln usw.), Fischen, Vögeln und Säugetieren.

Die meisten stehenden Gewässer kann man der Tiefe nach in entsprechende Zonen mit den dazugehörigen Pflanzen- und Tierbeständen einteilen.

In klaren Gewässern überwiegt oft auch unter Wasser der landschaftliche Reiz mit algenüberzogenen Baumruinen, UW-Schluchten, Felswänden und Gletscherschliffen oder wogenden Kräuterwiesen. Doch auch weniger klare Gewässer bieten ein großes „biologisches" Betätigungsfeld, vorausgesetzt man besitzt die nötige Ruhe, ein geschultes Auge und ein entsprechendes Grundwissen; denn erst die Kenntnis der vielgestaltigen Tier- und Pflanzenwelt macht die Tauchgänge zu einer schier unerschöpflichen Quelle an interessanten Erlebnissen. Man kann beobachten, wie die Tiere leben, einander begegnen, sich verständigen, Reviere abgrenzen und verteidigen, fressen bzw. Beute machen, sich fortpflanzen und vieles mehr. Die österreichischen Gewässer können speziell im Einzugsgebiet der Donau mit einigen Besonderheiten aufwarten. In der Donau selbst leben einige Fische, die es sonst nirgendswo gibt, wie etwa Schrätzer, Zingel, Frauenfisch und Streber oder der Hundsfisch, der gar nur östlich von Wien vorkommt. Wieder andere Arten besiedeln nur die schnell fließenden Nebenflüsse der Donau wie etwa der Steingreßling. Die tiefen Seen beherbergen z. B. den Schwarzreuter, eine dunkel gefärbte kleinwüchsige Tiefenform des Wandersaiblings usw.

Die Natur ist, wie auch unsere Gewässer, einem ständigen Wandel unterworfen. Nicht nur jahreszeitliche Veränderungen beeinflussen die Tier- und Pflanzenwelt, sondern auch langfristig verwandeln sich Aussehen und Bewohner. Man denke z. B. an die Einwanderung der Dreikantmuschel. Bäche ändern ihren Lauf, Teiche und Seen verlanden und der Mensch drückt allem seinen Stempel auf. Während die natürlichen Veränderungen sehr langsam vor sich gehen und den Bewohnern meist Zeit lassen, sich anzupassen, ändern sich Gewässer durch menschliche Eingriffe (Uferverbauungen, Trockenlegungen, Abwassereinleitungen usw.) sehr rasch und führen unweigerlich zur Vernichtung zahlreicher Arten. Auch die Einbürgerung von fremden Arten (z. B. Regenbogenforelle, Sonnenbarsch, Amur) ändert rasch die Zusammensetzung der heimischen Fauna. Staustufen verhindern heute Wanderungen von Störartigen, Huchen und Nasen bis in Inn und Salzach. Der heimische Steinkrebs starb größtenteils durch eine Krankheit aus, er wurde durch eine amerikanische Art „ersetzt" ...

Wer die Bewohner der Gewässer, ihre Lebensgewohnheiten und Lebensräume kennt, der weiß auch, wie er sich ihnen gegenüber zu verhalten hat, um sie vor Streß , Schädigungen oder gar Vernichtung zu bewahren. Er wird der beste Anwalt für die Erhaltung der Tier- und Pflanzenwelt sein – und nicht der Zerstörer, für den ihn manche halten.

Grundlegende Kenntnisse der Tauchtechnik sind für den Taucher lebensnotwendig – biologisches Grundwissen ist hingegen für die Erhaltung des Lebens der eigentlichen Bewohner unserer Gewässer unerläßlich.

ACHENSEE

Scholastika

Fläche:
7,2 km²
Seehöhe:
929 m
Größte Tiefe:
133 m
Länge/Breite:
9 km/1,2 km

E Tunnel-Süd

E Schwarzenau

E Hechenberg-Süd

E = Einstieg

= Tauchgebiet

Maurach

ZUFAHRT: Inntalautobahn A12 bis Abfahrt Achensee-Zillertal, Achenseebundesstraße B181 Richtung Achensee (bis zum Südende 11 km); aus der BRD auf der BAB über Tegernseetal bis Ausfahrt Holzkirchen, über Tegernsee und Achenpaß (sehr kurvig!) bis zur Staatsgrenze und zum Achensee.

ALLGEMEINE BESCHREIBUNG: Der Achensee ist der größte See Tirols und wegen seiner landschaftlichen Schönheit schon seit Jahrhunderten ein

bekanntes und beliebtes Urlaubsgebiet. Er liegt inmitten des größten Naturschutzgebietes Europas. Das Wasser ist klar und ziemlich kalt, an der Oberfläche kaum jemals mehr als 18°C. Im Winter friert der südliche, flache Teil des Sees fest zu. Die Ufer fallen auf beiden Längsseiten steil ab, im Westen teilweise unzugänglich. Im Besitz der Elektrizitätswerke Innsbruck, die den Achensee als Speicher benützten. Deshalb kann im Winter der Wasserspiegel bis zu 10 m tiefer sinken.

BESTE TAUCHZEITEN: Sommer und Herbst

FISCHE: Fast keine mehr

PFLANZEN: Keine, nur Schotterhalden

TAUCHGEBIETE: Von Hechenberg Süd bis Tunnel Süd. Einstiegsstelle beim Badestrand Schwarzenau und bei Hechenberg. Die Stelle bei Tunnel Süd darf ausschließlich vom Tauchclub Austria Sub aus Innsbruck benützt werden.

BESONDERS INTERESSANT: Reiner Ausbildungssee für Tiroler Tauchclubs

TAUCHVERBOTE/SCHUTZZONEN: Generelles Tauchverbot, der Achensee ist Privatbesitz. Ausgenommen sind Tauchsportvereine und Tauchschulen, für die spezielle Regelungen gelten: Tauchclub Innsbruck (TCI), Tauchclub Austria Sub (Innsbruck), Tauchschule Ott und Tauchschule Wasserburg (beide in Kufstein). Einzeltaucher nur mit Einzeltauchgenehmigung (erhältlich bei Camping Schwarzenau, Tel.: 05246/65 51, und im Büro der Achensee-Schiffahrt in Pertisau, Tel.: 05243/52 53, Fax: 05243/62 73) und ausschließlich innerhalb der erlaubten Tauchzone. Preise: Einzelgenehmigung öS 138,–/Tag. Betrieb von Kompressoren verboten.

BESONDERHEITEN/GEFAHREN:
Bergsee (geänderte Nullzeiten!)
**TAUCHSCHULEN, FÜLLSTATIONEN,
TAUCHINFOS:** • Ausbildungszentrum Achensee (Tauchschule, Verkauf, Verleih, Service) „Tauchen in Tirol", Dieter Kuchling, Bichlweg 23, A-6020 Innsbruck, Tel. und Fax: 0512/39 34 84, Füllmöglichkeit bei der Feuerwehr und bei der Wasserrettung in Innsbruck.
ARZT: • Dr. Stefan Hofmann, A-6215 Achenkirch 455, Tel.: 05246/62 19 • Dr. Josef Abfalter, A-6212 Maurach 89b, Tel.: 05243/52 29 • Dr. Helmut Danzl, A-6213 Pertisau 26x, Tel.: 05243/553, (auch Notordination an Wochenenden, ausländische Krankenkassen). Die nächste *Dekokammer* ist in Innsbruck.

SONSTIGE FREIZEITAKTIVITÄTEN: Segeln, Surfen, Linienschiffe (auch Nachtrundfahrten), Ruder- und Tretboote, Kanufahren, Wandern, Radfahren (Radweg entlang des Ostufers), Bergwandern, Bergsteigen, Mountainbiking (eigener Technikparcours in Achenkirch), Kegeln, Reiten, Ponyreiten, Sommerrodeln, Tennis, Squash, Minigolf, Golf (9 Löcher), Streetball, Gartenschach in Achenkirch und Pertisau, Strandbäder, Hallenbäder, Schönheitsfarmen, Steinölbäder (berühmt bei Ischias, Gicht und Sportverletzungen!), Pferdekutschenfahrten, Rofanseilbahn, Sonnberg-Sessellift, historische Achensee-Zahnradbahn; Brotbacken, Kaskrapfen kochen, Fotosafari Gästekarte für die Achenseeregion: Vergünstigungen zwischen 10 und 100 % (von Dampferrundfahrt über Fahrradverleih bis Hallenbad und Tennisplatz); im Winter Schilanglauf und Eisstockschießen

KULTURANGEBOTE: Mundart-Bauerntheater in Achenkirch und Maurach, Steinöl-Schaubergwerk in Pertisau, Notburgakirche aus dem 9./15. Jh. in Eben-Maurach, Annakircherl aus dem 17. Jh. in Achenkirch mit herrlichem Panorama, moderne Holzmeisterkirche in Pertisau, Handweberei in Achenkirch, Heimatmuseum Achental in Sixenhof, Künstlerpromenade in Achenkirch (mit Werken moderner Künstler), Achenseebahnmuseum in Jenbach, Renaissance-Schloß Tratzberg im Inntal, Burg Tratzberg, Silberstadt Schwaz

TOURISTENINFO: • Tourismusverband Achenkirch, A-6215 Achenkirch, Tel.: 05246/62 70, Fax: 05246/67 80 • Tourismusverband Maurach, A-6212 Maurach, Tel.: 05243/53 40, Fax: 05243/52 97 • Tourismusverband Pertisau, A-6213 Pertisau. Tel.: 05243/52 60, Fax: 05243/59 39 • Tourismusverband Steinberg, A-6216 Steinberg, Tel.: 05248/321, Fax: 05248/393

Tauchen ins Unbekannte.

Taucher in einer Unterwasserhöhle

Geheimnisvoll und romantisch erscheint die Höhle im Licht der Fackel, und die Neugierde wird geweckt. Doch das Höhlentauchen verlangt sorfältige Vorbereitungen und kaltes Blut. Reserven an Atemluft und Licht müssen ebenso bedacht werden wie die Sicherung des Rückzugs. Der Faden der Ariadne ist hierbei nicht nur Symbol, sondern das Werkzeug. Der Höhlentaucher muß sich stets auf seine Ausrüstung verlassen können, immer auf seine Sicherheit bedacht sein. Höhlentauchen – das ist Extrembergsteigen unter Wasser. Die reine Luft liefert der Bauer-Kompressor.

Unübertroffene Qualität und innovative Technik durch Forschung – mit dem Know How aus 50 Jahren – begründen die sprichwörtliche Zuverlässigkeit und Sicherheit der weltweit bewährten BAUER-Atemluftkompressoren.

CAPITANO 140 l/min, 225/330 bar, mit Fahrsatz

BAUER-POSEIDON GmbH, Straße 3 / Objekt 26, A-2355 Wr. Neudorf, I.Z., Tel. 0 22 36/6 36 25, Fax 0 22 36/6 29 52

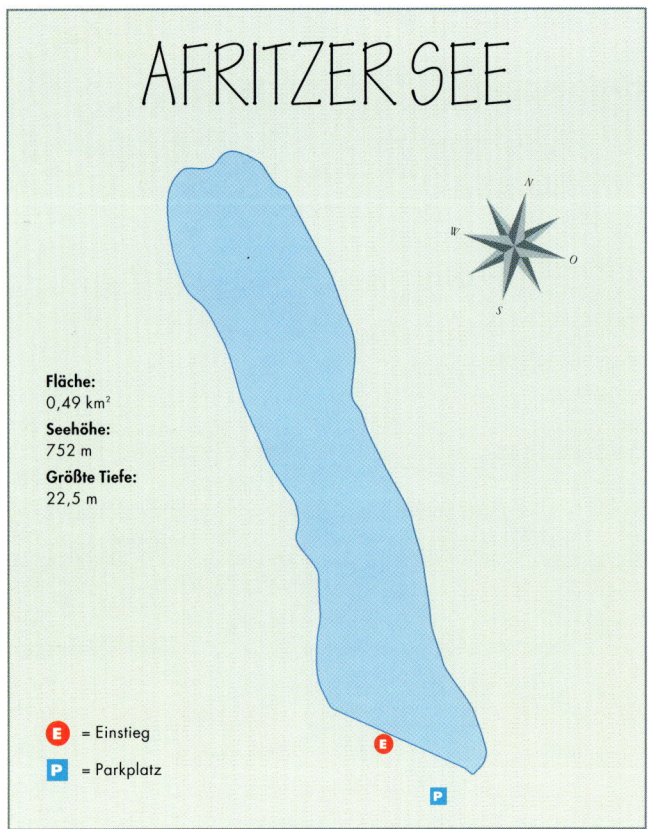

AFRITZER SEE

Fläche:
0,49 km²
Seehöhe:
752 m
Größte Tiefe:
22,5 m

E = Einstieg
P = Parkplatz

ZUFAHRT: Von Westösterreich: Kufstein-Felbertauern-Lienz-Spittal/Drau-Radenthein-Feld am See bis Afritz; aus der BRD: über Salzburg auf der Tauernautobahn A10 bis Knoten Spittal-Millstättersee, weiter auf der Bundesstraße B98 Richtung Radenthein, 4 km nach Radenthein Richtung Feld am See, nach 7 km Afritz; von Ostösterreich: Südautobahn A2 bis Villach, beim Knoten Villach auf die A10 Richtung Spittal/Drau abzweigen, bei Villach-Nord die A10 verlassen, kurz B94 Richtung Feldkirchen, nach ca. 1 km links auf die B98 Richtung Feld am See, nach 7 km Afritz.

ALLGEMEINE BESCHREIBUNG: Der Afritzer See ist ein sehr warmer See mit Wassertemperaturen von bis zu 26˚C im Sommer. Das Wasser ist moorig und daher sehr trüb. Der Afritzer See liegt mitten in den Nockbergen in einer naturbelassenen, waldreichen Gegend. Im Winter friert der See komplett zu.

BESTE TAUCHZEITEN: Im Frühjahr und im Herbst mit Sichtweiten von höchstens 5 m, ganzjährig betauchbar, im Winter für das Eistauchen gut geeignet.

FISCHE: Hecht, Karpfen, Barsch, Schleie, Aitel, Wels, Zander, Aal, Forelle,

Maräne, Weißfisch, Seesaibling, Edelkrebse und Muscheln

PFLANZEN: reichlich bewachsen, viele Algen, Hornkraut, Seeboden verschlammt

TAUCHGEBIETE: Die einzige Einstiegsmöglichkeit beim Fischerhof Sportschule „Glinzner", Zufahrt mit dem Auto möglich.

BESONDERS INTERESSANT: große Hechte, fischreich, Muscheln und Edelkrebse

TAUCHVERBOTE/SCHUTZZONEN: keine besonderen Einschränkungen auf Angler und Badegäste bitte Rücksicht nehmen

BESONDERHEITEN/GEFAHREN: Wegen seiner Höhenlage ist der Afritzer See ein Bergsee. Getaucht werden kann ganzjährig. Keine Anmeldung erforderlich. Vorsicht vor Surfern und Segelbooten. Absolutes Badeverbot für Hunde. Motorbootsperre.

TAUCHSCHULEN, FÜLLSTATIONEN, TAUCHINFOS: • Tauchsport Neptun beim Strandbad Beer, Wolfgang Nindler, A-9544 Feld am See, Tel.: 04246/47 06, Tauchschule, Geräteverleih, Füllstation

ARZT: • Dr. Yasin Masri, Gassen 20, A-9542 Afritz, Tel.: 04247/226 66, • Taucharzt Dr. Wolfgang Kukutschki, Piccostr. 26, A-9500 Villach, Tel.: 04242/424 18; die nächste *Dekokammer* ist in Graz.

SONSTIGE FREIZEITAKTIVITÄTEN: Strandbad, Segeln, Surfen, Kajak, Angeln, Tennis, Reiten, Mountainbiking, Radwandern (Fahrradverleih), Bergwandern (alpines Gebiet, bis 2100 m Seehöhe), Fitneßparcours, Sessellifte Afritz-Verditz, Sommerrodelbahn „Riesenrutschbahn"; im Winter: Alpinschi, Langlauf, Rodeln, Eislaufen, Eisstockschießen auf dem See, Eisfischen, Naturrodelbahnen, Pferdeschlittenpartien

KULTURANGEBOTE: Alpen-Wildpark in Feld am See, Fischmuseum in Feld am See, Schloß Porcia in Spittal an der Drau, schönster weltlicher Renaissancebau Österreichs, Benediktinerkloster aus dem 11. Jh. und barocke Klosterkirche in Millstatt, Stiftsmuseum in Millstatt, Europas einziges Pilz-, Wald- und Naturerlebnis-Museum mit Fantasy-Wald in Treffen, Stadtbesichtigung Villach, Kloster Ossiach am Ossiacher See

TOURISTENINFO: • Fremdenverkehrsamt Afritz am See, A-9542 Afritz, Tel.: 04247/21 26, Fax: 04246/25 40-16

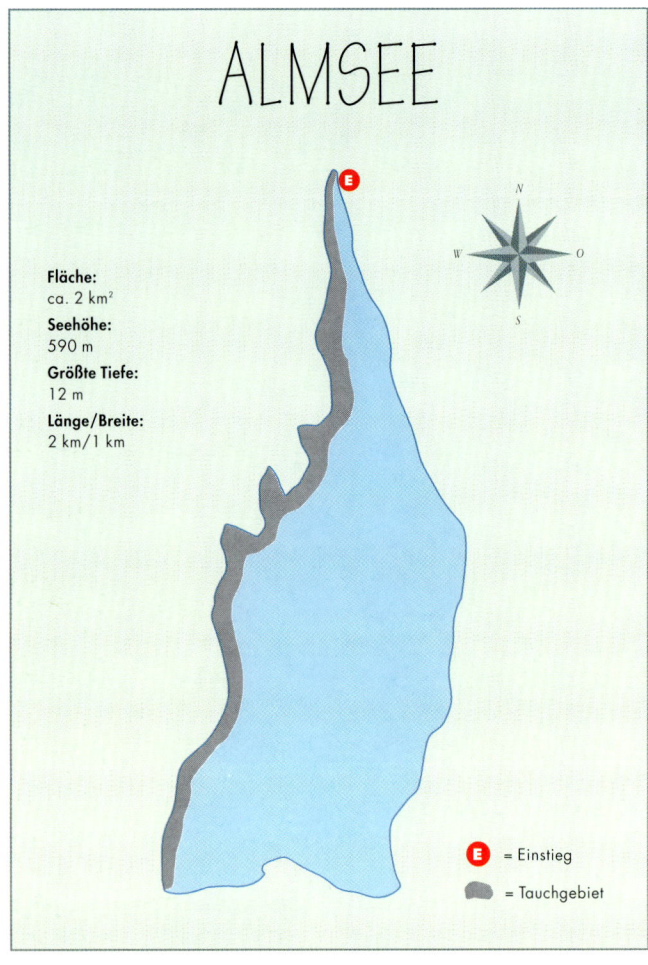

ALMSEE

Fläche:
ca. 2 km²

Seehöhe:
590 m

Größte Tiefe:
12 m

Länge/Breite:
2 km/1 km

E = Einstieg

= Tauchgebiet

ZUFAHRT: Vom Westen: auf der A1 (Westautobahn) Richtung Linz bis Abfahrt Regau, dann auf der B145 nach Gmunden, weiter auf der B120 nach Scharnstein, von dort auf einer sehr romantischen Straße nach Grünau im Almtal und weiter zum See; von Osten auf der A1 (Westautobahn) Richtung Salzburg bis Abfahrt Regau, weiter wie oben; aus der BRD: entweder über Salzburg auf der A1 Richtung Linz, weiter wie oben, oder über Passau und die A8 (Innkreisautobahn) bis Ort im Innkreis, abzweigen auf die B143 über Ried im Innkreis bis Vöcklabruck, dann auf der B145 über Unterregau nach Gmunden und weiter wie oben.

ALLGEMEINE BESCHREIBUNG: Der Almsee ist ein ganz zauberhaftes Gewässer mit besonderen Qualitäten. Er liegt am Fuße des Toten Gebirges. Sein Wasser ist glasklar, die Sicht beträgt horizontal fast immer 10 – 15 m. Er liegt in einem

Naturschutzgebiet. Allerdings wird er nie sehr warm, das höchste der Gefühle sind etwa 18°C im Hochsommer, sonst kommt er kaum über 15°C an der Oberfläche hinaus. Sehr fischreich! Ganz besonders interessant auch für Nichttaucher sind die Graugänse des Prof. Lorenz. Der Almsee ist geradezu ideal für Fotografen.

BESTE TAUCHZEITEN: In den Sommermonaten und im Herbst

FISCHE: Hecht, Karpfen, Weißfisch, Lachsforelle Saibling, Zander

PFLANZEN: Sehr schöner Bewuchs, auch längere Pflanzen zahlreich vorhanden, Teile des Ufers sind mit Schilf bewachsen.

TAUCHGEBIETE: Gleich am Anfang des Sees am Gasthof vorbei an der linken Seite ist der beste Einstieg. Der Almsee kann von der Westseite her betaucht werden, denn die einzige Straße führt entlang des Westufers.

BESONDERS INTERESSANT: Der gewaltige Fischreichtum. Eine schwimmende natürliche Insel, die einzige in Europa in ihrer Art. Sie ist mit Bäumen bewachsen und bewegt sich bei stärkerem Wind. Man kann unter dieser Insel durchtauchen. Rund um diese Insel kann man tauchende Eisvögel beobachten, allerdings nur, wenn man geduldig und mucksmäuschenstill zu warten versteht. Hochinteressant sind im vorderen Teil des Sees auch fünf Unterwasserquellen, die in ca. 3–5 m Tiefe wie kleine Vulkane dem kiesigen Boden entspringen. In den Randzonen lohnt es sich zu schnorcheln.

TAUCHVERBOTE/SCHUTZZONEN (SIEHE AUCH SKIZZE): Der Almsee zählt zu den Geheimtips, liegt aber in einem Naturschutzgebiet. Das empfindliche Ökogleichgewicht des Sees verträgt keine größeren Gruppen. Deshalb ist der Almsee für den Massenbetrieb ungeeignet und gesperrt. Der See gehört dem Stift Kremsmünster. Einzelne Taucher können und müssen dort um Erlaubnis fragen.

BESONDERHEITEN/GEFAHREN: Vorsicht: unter der „Insel" können Teile herabhängen, in denen man sich verheddert.

TAUCHSCHULEN, FÜLLSTATIONEN, TAUCHINFOS: • Taucherhotel Traunsee, Tauchschule Peter Gigl, Füllstation, Tauchschule, Tauchbasis, Tauchgeräteverleih, Bootsfahrten zu den Tauchplätzen des Ostufers, A-4801 Traunkirchen, Ganzjährig geöffnet, täglich von 10.00 bis 20.00 Uhr, Tel.: 07617/22 16, Mobil-Tel.: 0663/88 81 02, • Wassersportzentrum Ebensee, Füllstation, Tauchschule Peter Gigl, Strandbadstr. 12, A-4802 Ebensee, Tel. und Fax: 06133/63 81, Mobil-Tel.: 0663/88 81 02

ARZT: • Dr. Günther Junk, Tel.: 07617/22 50, Mobil-Tel.: 0663/917 82 39. Die nächste *Dekokammer* ist in Graz.

SONSTIGE FREIZEITAKTIVITÄTEN: Schwimmen (Strandbäder in allen Orten, Hallenbad in Ebensee), Angeln, Schiffsführerkurs, Segeln, Surfen, Wasserschi (in allen Orten), Bootsverleih (Segel-, Ruder-, Tret- und Elektroboote), Privatmotorboote erlaubt, Linien- und Rundfahrtschiffe der Traunseeflotte (Mitte Mai bis Ende September), Radtouren (Fahrradverleih), Mountainbiking, Wandern (100 km markierte Wanderwege, auch geführte Wanderungen), Bergsteigen, Flußwandern auf der Traun mit großen Schlauchbooten, Rafting, Reiten (in Altmünster und Ebensee, Araberpferde und Haflingergestüt), Tennis, Squash, Drachenfliegen, Minigolf, Gartenschach, Jagd (von Anfang August bis Ende Dezember, Jagderlaubnis bei der Forstverwaltung Ebensee), Kleinkalibergewehrschießen (von Anfang Mai bis Ende Oktober auf der Schießstätte Rindbach), Pferdekutschenfahrten, Fitneßcenter in Gmunden und Ebensee, Langlauf, alpiner Schilauf, Rodeln, Kunsteisbahn in Gmunden, diverse Kuren (Gmunden), Fahrt mit dem längsten Sessellift Europas auf die Tauplitzalm, Ausflug auf den Feuerkogel (von Ebensee mit der modernsten und schnellsten Seilbahn Österreichs)

KULTURANGEBOTE: Stift Kremsmünster, ein herrliches, 777 gegründetes Benediktinerstift mit hervorragendem Museum und Klosterschatz (u.a. der berühmte Tassilokelch), berühmte barocke Fischkelter; schöne Barockkirche in Grünau/Almtal; barocke Pfarrkirche von Traunkirchen mit berühmter holzgeschnitzter Fischerkanzel eines unbekannten Meisters aus dem Jahr 1753; Odinstein, heute Johannesberg, ein uralter Kultfelsen in der Ortsmitte von Traunkirchen, mit Kapelle, in der ein Knorpelwerksaltar und ein sehenswertes Gemälde eines niederländischen Manieristen stehten; älteste Kalvarienbergkapelle des Salzkammergutes (1699) in Traunkirchen; Fronleichnamsprozession auf dem See (seit 1632 jedes Jahr); Pfarrkirche Altmünster; Gmunden (Schloß Ort, Altstadt, Rathaus mit Keramikglockenspiel, Pfarrkirche mit Dreikönigsaltar von Th. Schwanthaler); Gmundner Keramikfabrik; Kammerhofmuseum (Gmunden); Heimathaus Ebensee (Museum); Besichtigung der Bleikristallschleiferei in Ebensee; Besichtigung der Solvay-Werke in Ebensee; Gassel-Tropfsteinhöhle bei Ebensee (1. Mai bis 15. September); Rindbachwasserfall; Ausflug nach Bad Ischl (mit Kaiservilla, der Sommerresidenz Kaiser Franz Josefs I., Salzbergwerk); Ausflug zur Burggrabenklamm (schöner Wasserfall); Dachstein-Eishöhlen und Mammuthöhlen (erreichbar mit Dachsteinbahn von Obertraun/Hallstätter See); Hallstatt mit prähistorischem Museum, barockem Beinhaus und Erlebnis-Salzbergwerk; Mondsee mit Basilika und Pfahlbaumuseum;

St. Wolfgang – berühmter Wallfahrtsort mit gotischer Hallenkirche und Pacheraltar, Pilgerbrunnen und Schmerzensmann, Hotel „Weißes Rössl"

TOURISTENINFO: • Fremdenverkehrsverband Grünau im Almtal, A-4645 Grünau/Almtal, Tel.: 07616/82 68, Fax: 07616/88 95

FROM
EYE TO EYE

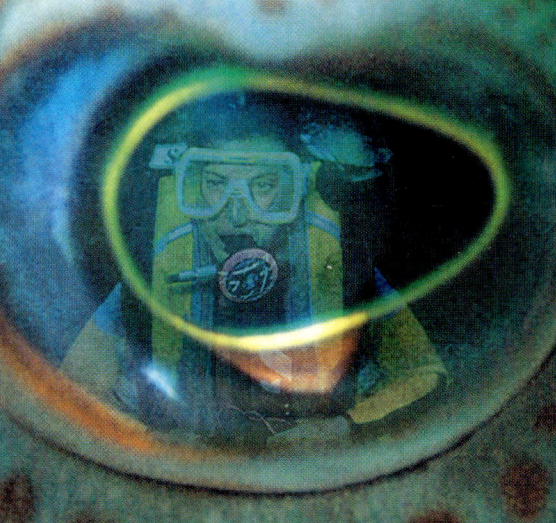

Bergmann Troll & Partner • Berlin   Foto: B Troll / P W Munzinger

SCUBAPRO®

Der Hersteller für professionelle Tauchausrüstung. Nur im autorisierten SCUBAPRO Fachhandel.

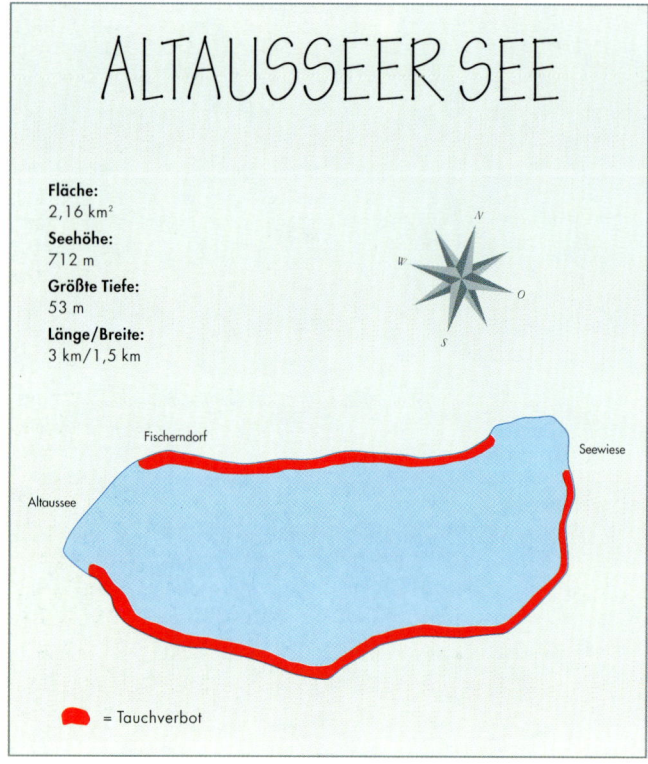

ALTAUSSEER SEE

Fläche:
2,16 km²

Seehöhe:
712 m

Größte Tiefe:
53 m

Länge/Breite:
3 km/1,5 km

Fischerndorf

Seewiese

Altaussee

= Tauchverbot

ZUFAHRT: Von Westösterreich und der BRD: über Salzburg auf der Westautobahn A1 bis Abfahrt Thalgau, weiter auf der B158 über Hof bis Bad Ischl, anschließend auf der B145 über Bad Goisern Richtung Bad Aussee, 4 km vor Bad Aussee links ab nach Altaussee; von Ostösterreich auf der Westautobahn A1 bis Abfahrt Regau, dann auf der B145 über Gmunden entlang des Traunsees nach Bad Ischl und weiter wie oben; von Graz auf der Pyhrnautobahn A9, beim Knoten Selzthal Richtung Liezen abfahren, weiter auf der B146 nach Stainach-Irdning und dann auf der Salzkammergut-Bundesstraße B145 bis Bad Aussee, im Ort nach Altaussee abbiegen.

ALLGEMEINE BESCHREIBUNG: Der Altausseer See gehört zu den landschaftlich schönsten Seen des Salzkammergutes. Er liegt am Fuße des Losers in einer traumhaften Berglandschaft. Dieses Gewässer ist glasklar-durchsichtig und hat absolute Trinkwasserqualität. Das Wasser hat eine leuchtend-dunkelblaue Färbung. Deshalb wird der Altausseer See auch das „dunkelblaue Tintenfaß" genannt. Interessant ist dieser plaktonreiche See vor allem wegen seines enormen Fischreichtums – man taucht fast in einer Fischsuppe. Der Altausseer See ist allerdings auch im Sommer ziemlich kalt, besonders im hinteren Teil – dafür ist die horizontale Sicht hervorragend: zehn und mehr Meter, am rückwärtigen Ende sogar noch mehr.

BESTE TAUCHZEITEN: Frühjahr und Herbst

FISCHE: Saiblingschwärme, Hecht, Seeforelle (riesig), im Ausflußbereich viele Krebse

PFLANZEN: großer versunkener Wald im hinteren Teil, überall viel Bewuchs

TAUCHGEBIETE: Ortsufer der Gemeinde Altaussee am vordersten Teil, wo der Wasserpflanzenbewuchs sehr üppig ist. Viele Jungfische und Krebse. Man sollte sich sehr vorsichtig bewegen. „Jausenstation Seewiese": man mietet sich in Altaussee ein Ruderboot und erreicht das Ziel – den versunkenen Wald – ohne viel Mühe.

BESONDERS INTERESSANT: Der beste Tauchplatz ist der rückwärtige Seeteil, besonders wegen des Unterwasserwaldes, der natürlich auch zahllosen Fischen ein gutes Versteck bietet.

TAUCHVERBOTE/SCHUTZZONEN: Man muß sich nirgendwo anmelden, es ist aber ratsam, im Gemeindeamt Bescheid zu sagen. Zur Zeit der Drucklegung dieses Buches war das Tauchen im Altausseer See noch erlaubt. Laut Auskunft der Tourismusinformation läuft jedoch ein Verfahren zwecks Verhängung eines totalen Tauchverbots. Fast 80 Prozent der Ufer sind als Laichschonstätten beschildert. Dort herrscht natürlich strengstes Tauchverbot. Am Altausseer See ist die Verwendung von Kompressoren verboten. Wie in fast allen Salzkammergutseen liegen auch im Altausseer See noch immer Waffen und Geräte aus dem 2. Weltkrieg.

BESONDERHEITEN/GEFAHREN: Achtung: Kriegsmaterial nicht berühren oder bergen, sonst hohe Geldstrafen von öS 5.000,– bis öS 30.000,–! Bei der Tauchgangsplanung ist die Wasserkälte zu beachten. Vor Seglern und Surfern ist Vorsicht geboten. Achtung! Hier begegnet man zahlreichen Fischern.

TAUCHSCHULE, FÜLLSTATIONEN, TAUCHINFOS: Keine tauchgerechte Infrastruktur. Flaschenfüllungen sind bei der Freiwilligen Feuerwehr Gößl am Grundlsee möglich. ● Tauch- und Freizeitzentrum Hallstätter See, Robert C. Funk, Tauchschule, Tauchbasis, Tauchverleih, Flaschenfüllstation, Gasthof Zum alten Forsthaus, ganzjährig geöffnet, Gosauzwang 7, A-4823 Steeg, Tel.: 06134/83 72, Fax: 06134/83 72-4 ● 1. Alpine Tauch- und Schischule Zauner, Tauchclub Salzkammergut, Gehard Zauner, Tauchschule Tauchbasis, Tauchgeräteverleih, Flaschenfüllstation, Tauchergasthof Hallberg Zauner, ganzjährig geöffnet, Markt 113, A-4830 Hallstatt, Tel.: 06134/82 86, Fax: 06134/82 86-5

ARZT: ● Dr. Hans Petritsch, A-8992 Altaussee, Tel.: 03622/716 87-0. Die nächste *Dekokammer* ist in Graz.

SONSTIGE FREIZEITAKTIVITÄTEN: Schwimmen, Segeln, Surfen, Tennis, Fahrradverleih, Reitzentrum in Grundlsee, Paragleiten und Drachenfliegen am/vom Loser – auch Tandemflüge (Flugschule Salzkammergut, Tel.: 0663/ 87 48 00), Ausflug über die Loser-Panoramastraße auf 1600 m Seehöhe mit 15 Kehren und Traumaussicht (Maut) – dort steht das größte alpine Sonnen- kraftwerk Europas

KULTURANGEBOTE: Pfarrkirche St. Ägyd aus dem ausgehenden 12. Jh., Via Artis – Wanderung auf den Spuren der Literaten und Künstler im Ausseer Land (u.a. Friedrich Torberg, Johannes Brahms, Gustav Mahler, Richard Strauss), Via Salis – Naturwanderweg auf den Spuren der Salzbergleute von Stollen zu Stollen

TOURISTENINFO: • Tourismusverband Ausseer Land, Informationsbüro Altaussee, A-9882 Altaussee, Tel.: 03622/716 54, Fax: 03622/711 87

TAUCHZENTRUM
NEUFELDERSEE

Tauchen in einem der schönsten Seen Österreichs. Der Neufeldersee ist bekannt für seinen Fischreichtum. Hecht, Zander, Seeforelle, Wels, Aal, Karpfen, Schleie sowie 2 Arten Süßwasserkrebse tummeln sich in ihm. Auch der Bewuchs ist sehenswert - bei Sichtweiten bis 15 Meter.

Der Neufelder See liegt ca. 40 Kilometer südlich von Wien und ca. 20 Kilometer nördlich des riesigen Neusiedler See.
Die Tauchbasis befindet sich direkt am Seeeufer im öffentlichen Strandbad. Die moderne, leistungsfähige Füllanlage (1 500 Liter/Minute), Top Leihequipment und freundliche Betreuung wird Dir einen unvergeßlichen Tauchurlaub bescheren.

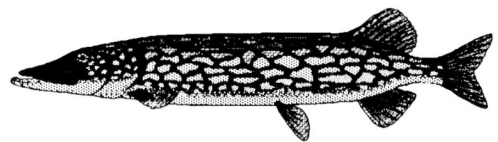

TAUCHSPORT LORENC 4 mal in Österreich:

Tauchsport LORENC
Wr. Neustädterstr. 37
2490 Ebenfurth
Tel. 02624 52700
Fax 02624 52755

Tauchzentrum
Neufeldersee
im öffentlichen
Strandbad
2491 Neufeld

Tauchsport LORENC
Lerchenfeldergürtel 13
1160 Wien
Tel. 0222 492 66 70
Fax 0222 492 66 71

Tauchsport LORENC
Triesterstr. 55
1100 Wien
Tel. 0222 603 91 18

Tauchsport LORENC in Kürze auch am Attersee

ALTENRHEIN/BODENSEE

Seehöhe: 400 m
Größte Tiefe: 11 m
Länge: ca. 3 km

ZUFAHRT: Zum Altenrhein aus der BRD auf der BAB96 über Lindau (Grenzübergang), in Österreich auf der B202 bis Brugg, weiter auf der B203 bis Lustenau; aus Österreich über den Arlberg auf der A14 bis Abfahrt Altach, weiter auf der B203.

ALLGEMEINE BESCHREIBUNG: Der Altenrhein, ein stillgelegter Seitenarm des heutigen Rheins, ist eines der wenigen für die Allgemeinheit frei zugänglichen Gewässer Vorarlbergs. Es handelt sich um eine überflutete Wiese, dementsprechend ist der Bewuchs. Leider ist im Sommer die Sicht miserabel, sie reicht von Juni bis August höchstens einen Meter weit. Während der kalten Jahreszeit ab Ende September bis etwa Ende Mai bietet der Altenrhein dann mit etwa 5 m eine bessere Sicht. 7 m sind dann aber auch das höchste der Gefühle. Wegen der geringen Sicht wird er gerne als Übungsgewässer zum Orientierungstauchen genützt. Der Altenrhein friert selten zu, ist aber dann ein recht empfehlenswertes Eistauchgewässer. Im Sommer erwärmt er sich wegen seiner geringen Tiefe auf über 20°C. Der Bodensee ist an der verhältnismäßig kurzen österreichischen Uferseite nicht attraktiv. Er ist im Sommer wenn möglich noch trüber als der Altenrhein. Die Sicht ist nur in der kalten Jahreszeit erträglich. Dann aber ist der See wiederum sehr kalt und dunkel. Lohnenswerte Tauchziele – allerdings nur für erfahrene Taucher – liegen vor allem vor dem deutschen Ufer (Konstanz, Meersburger Raum, Überlinger Steilwand, Teufelstisch usw.)

BESTE TAUCHZEITEN: Die beste Sicht hat man im Altenrhein während der kalten Jahreszeit (bis maximal 7 m horizontal), dasselbe gilt für den Bodensee: gute Sicht nur von Jänner bis März.

FISCHE: Im Altenrhein: Karpfen, seltener Wels und Hecht; im Bodensee: 35 Fischarten

PFLANZEN: Viel Gras

TAUCHGEBIETE: Im Altenrhein die etwa 3 km lange Strecke zwischen Altach und Lustenau. Die Tauchmöglichkeiten sind durch Baggerarbeiten teilweise eingeschränkt. Im Bodensee der Raum Bregenz, insbesondere westlich der Rheinmündung bei Hard bis zur Schweizer Grenze. Da dieser Seeteil keinen Steilabfall aufweist, kann nur an der Halde (wo die Seezeichen 81 bis 97 stehen) getaucht werden. Dazu ist unbedingt ein Boot erforderlich.

BESONDERS INTERESSANT: Der Rheinzulauf des Bodensees: er bietet sich - für erfahrene Taucher – zum Strömungstauchen an.

TAUCHVERBOTE/SCHUTZZONEN: Es bedarf keiner besonderen Erlaubnis, im Altenrhein oder im österreichischen Teil des Bodensees zu tauchen.

BESONDERHEITEN/GEFAHREN: Keine

TAUCHSCHULEN, FÜLLSTATIONEN, TAUCHINFOS: • Aquarius Rex, Arnold Gerstl, Tauchschule (PADI), Tauchshop, Service, Verleih, Füllstation, Nitrox und Technical Diving, Pfarrer Moosbruggerstr. 2, A-6850 Dornbirn, Tel.: 05572/342 69, Fax: 05572/360 11 • Tauchschule Delphin, Tauchschule (EIDI), Tauchshop, Reparatur, Service, Verleih, Füllstation, Behindertentauchen, Fr. Unterbergerstr. 1, A-6800 Feldkirch, Tel. und Fax: 05522/352 66 • Tauchschule Werner Thiele, Füllstation, Geräteverleih, Riedstr. 26, A-6901 Lauterach, Tel.: 05574/630 06. Die nächste *Dekokammer in Österreich:* Innsbruck.

SONSTIGE FREIZEITAKTIVITÄTEN: Raum Bodensee: Schwimmen, Angeln, Ruderboote, Tretboote, Segeln, Surfen, Wasserschi, Motorboote, Linienschiffahrt, Radwandern, Reiten, Wandern, Minigolf, Tennis, Squash, Schießen, Kegeln, Hallenbad, Fitneßparcours, Wanderung auf den Pfänder, Spielcasino in Bregenz; im Winter: Alpinschi, Langlauf, Eislaufen, Eisstockschießen, Rodeln

KULTURANGEBOTE: Bregenzer Festspiele (Ende Juli bis Ende August), Theater am Kornmarkt in Bregenz, Deuringschlößchen aus dem 17. Jh. in Bregenz, Seekapelle aus dem 17. Jh. in Bregenz, Vorarlberger Landesmuseum in Bregenz, Militärmuseum im Martinsturm in Bregenz, Schloß Hohenems, Greifvogelflugschau auf dem Pfänder, Jüdisches Museum in Hohenems, Stickereimuseum in Lustenau, Sennerei Leiblachtal in Hörbranz

TOURISTENINFO: • Bodensee Rheintal Tourismus, Anton Schneiderstr. 4 a, A-6900 Bregenz, Tel.: 05574/433 91-0, Fax: 05574/433 91-10

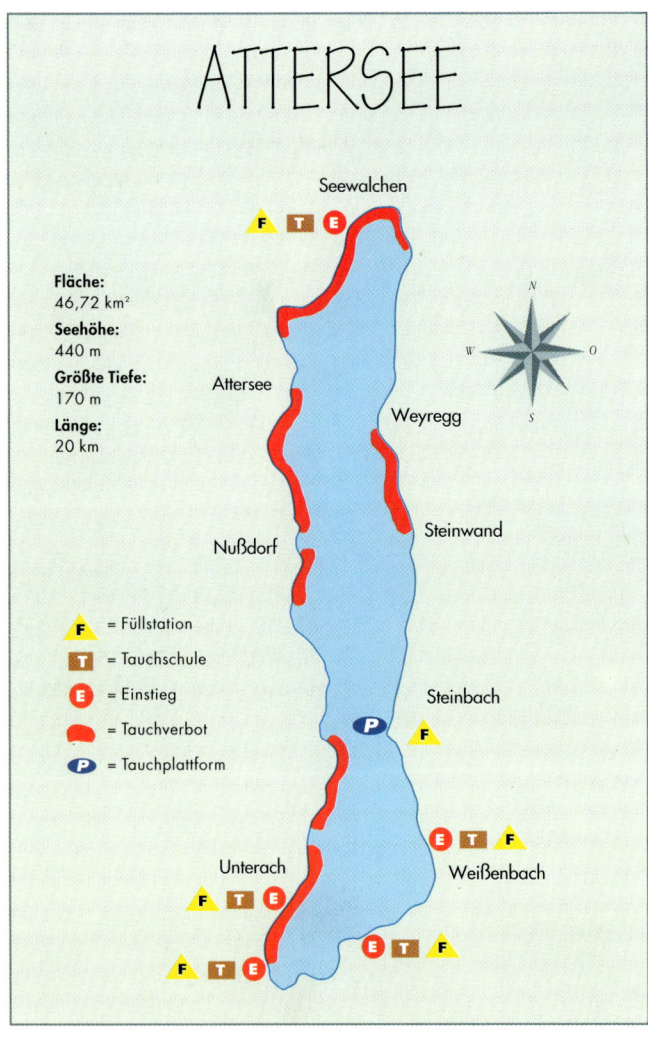

ATTERSEE

Seewalchen

Fläche:
46,72 km²
Seehöhe:
440 m
Größte Tiefe:
170 m
Länge:
20 km

Attersee

Weyregg

Steinwand

Nußdorf

F = Füllstation
T = Tauchschule
E = Einstieg
= Tauchverbot
P = Tauchplattform

Steinbach

Unterach

Weißenbach

ZUFAHRT: Von Ostösterreich, Salzburg, BRD: über die Autobahn A1, Abfahrt Seewalchen (Ostufer) oder Attersee (Westufer); von Kärnten und Osttirol: Tauernautobahn bis Salzburg, dann A1 Richtung Wien, Abfahrt Seewalchen (Ostufer) oder Attersee (Westufer); aus der Steiermark: Pyhrnautobahn, dann A1 Richtung Salzburg, Abfahrt Seewalchen (Ostufer) oder Attersee (Westufer).

ALLGEMEINE BESCHREIBUNG: Er ist der größte und zweittiefste See der Salzkammergutseen, er friert nie zu. Das besonders reine Wasser begünstigt ausgezeichnete Unterwasserfauna, auch historische Naturereignisse sind zu sehen. Die Sprungschicht liegt zwischen 5 und 10 m, die Sicht beträgt drei bis

20 m, je nach Einstiegsstelle, Tiefe und Jahreszeit. Die Tageslichtgrenze liegt in bis zu 60 m Tiefe. Der See ist ein Eldorado für UW-Fotografen, -Filmer und -Videocineasten.

BESTE TAUCHZEITEN: November bis Juni; von Juli bis Oktober „blüht" der See.

FISCHE: Sehr fischreich! Hecht, Forelle, Aal, Aalrutte, Schleie, Barsch, Eitel, Saibling, Weißfisch, Laube, Koppe und der scheue und in Europa sehr seltene Perlfisch

PFLANZEN: Spärlich, Seeboden oft metertief verschlammt

TAUCHGEBIETE: „Attersee": Bereich südlich des Hauses Unterbuchberg 24 und Nr. 807/2 KG Attersee; „Nußdorf/Unterach": Bereich zwischen der Mündung des Ackerlingbaches und der Mündung des Urfangbaches beim GH Stadler in Unterach; „Unterach": Gebiet zwischen der Zettelmühle und dem nördlichen Ortsgebiet Unterach/A.; „Weißenbach/Burgau/Steinbach": Gebiet zwischen dem südlichen Ende des Ortsgebiets Unterach über Burgau, Weißenbach, Steinbach/A., bis zur Hausnummer Steinwand 20; „Weyregg/Schörfling": Bereich zwischen dem Strandbad Weyregg und dem Badeplatz Pfahlbaudorf Kammer

BESONDERS INTERESSANT: *Steinbruch* (bei km-Stein 19,6): Bachausfluß mit eingeschwemmten Bäumen, viele Fische, *Schwarze Brücke* (Seefeld, km-Stein 11,8): Senkrechte Wand bis 55 m Tiefe – nur für erfahrene Taucher! *Wandl in Burgau* (beim Parkplatz, km-Stein 23,2): stufenweise abfallendes Steilufer bis 50 m, Autowrack in 7–9 m, Gedenktafel für einen Taucher in 42 m, *Burgau* (km-Stein 20,7): Pflanzenbewuchs, gut für Nachttauchgänge geeignet, *Ferrari-Kapelle* (km-Stein 22,3): Schotterhalde, alte Bäume in 20–30 m, *Kaiserbrünndl* (km-Stein 23,5): Autowrack und schöne Wurzelstöcke, *Parschallen* (km-Stein 23,5): schöner Pflanzenbewuchs, geeignet für Nachttauchgänge, *Strobl-Steilwand* beim Kohlbaueraufsatz in Unterach, Buchenort; beim öffentlichen Badeplatz nahe der Pension Strobl (km-Stein 27,3): flach bis 17m, dann senkrechte Wand bis 33 m, alte Bäume in 25–30 m, *Riff oder „Insel":* Ein

Unterwasserberg reicht aus 140 m Tiefe bis 9 m unter die Wasseroberfläche. Nur mit dem Boot erreichbar, Ortskenntnis erforderlich! Ausgangspunkt für Bootszufahrt u.a. Gasthof Stadler in Stockwinkel, Unterach (Seemitte), *Dixi* (km-Stein 10,6): Segelboot in 11 m Tiefe, alte Holzbrücke in 25 m, *Föttinger:* Hotel und Campingplatz Föttinger in Steinbach, Ausbildungsgelände des Österreichischen Tauchsportverbandes (TSVO) mit Tauchplattformen in 10, 15, 20 und 40 m

TAUCHVERBOTE/SCHUTZZONEN: Striktes Tauchverbot herrscht bei allen Kulturzonen (siehe auch Skizze), besonders aber überall dort, wo Unterwasser-Pfahlbauten sind! (Genaue Angaben bei Gemeindeämtern und Gendarmerieposten). Die Tauchverbote gelten generell auch zu Laichschonzeiten. Bei Nichtbeachtung der Tauchverbote drohen Strafen von öS 5.000,– bis 30.000,–. In fast allen Salzkammergutseen liegen noch immer Waffen und Geräte aus dem 2. Weltkrieg: sie dürfen nicht berührt werden. Funde sind der Gendarmerie zu melden.

BESONDERHEITEN/GEFAHREN: Eistauchfreaks können bei Nautilus Tauchsport Spezialbrevets mit drei TG und zwei Theoriestunden buchen. Achtung: Gefahr droht von der Linienschiffahrt!

TAUCHSCHULEN, FÜLLSTATIONEN, TAUCHINFOS: Die folgenden Tauchstützpunkte bieten Ihnen Füllstationen, Tauchkurse mit Internationaler Abschlußprüfung, Schnuppertauchen, Tauchgangsführung, Tauchbegleitung, UW-Kameraverleih, Tauchbergungen und Tauchartikel: • Nautilus-Tauchsport-Tauchdienst, Alois Männer, A-4863 Seewalchen am Attersee, Tel.: 07662/38 03 und 26 43, Sommer: Mo.–Fr. 10–12 und 15–19 Uhr, Sa., So. 10–12, 16–18 Uhr; Winter: Fr. 15–19, Sa. 9–12 Uhr geöffnet. Auch Eistauchen! • Ausbildungszentrum Attersee, Hermann Kadasch, Ausbildungszentrum des TSVÖ, GH Föttinger, A-4853 Steinbach a. A., Tel.: 07663/342-0 oder 0732/800 92 • Tauchzentrum Oberschmid, Herbert Oberschmid, A-4854 Weißenbach a. A., Tel.: 07663/81 63, täglich bis 18 Uhr geöffnet, von Oktober bis April nach Vereinbarung (Winterbetrieb!) • Tauchschule und Fachhandel Atlantis/Eberschwang, Franz Pramendorfer, A- 4906 Eberschwang, Tel. und Fax: 07753/32 05,

ganzjährig täglich geöffnet • Tauchbasis Scuba Consult, A-4854 Weißenbach a. A., Tel.: 07663/81 02 oder 0732/7113 88, 1. Mai–31. Juni, 1. September –31. Okto-ber: Sa., So. nach Vereinbarung; 1. Juli–31. August: 10–18 Uhr • Tauchclub Attersee, Helmut Reiter, A-4866 Unterach a. A. , Tel.: 07666/80 31 und Mobiltel: 0663/07 46 91, 1. Mai–31. Oktober: täglich 10–18 Uhr, sonst nach Vereinbarung geöffnet • Tauchsport Pacher, Fachhandel, Service, Schule, Andreas Pacher, A-4866 Unterach a. A., Tel. und Fax: 07665/85 24, ganzjährig täglich geöffnet • Aquasport, Johann Doblinger, A-4921 Hohenzell, Tel.: 07552/810 97, geöffnet nach Vereinbarung; Nautilus-Tauchsport in Seewalchen, Tauchschule Weißen-bach und Tauchsport Pacher in Unterach sind ganzjährig geöffnete Füllstatio-nen, die anderen sind von April bis September, sonst nach Bedarf geöffnet.

ÄRZTE: Bei jedem Tauchunfall immer zuerst 144 rufen, für Handy 07672/144, nicht den Notarzthubschrauber oder das Dekozentrum Graz! • Dr. Niedoba, A-4866 Unterach, Te.: 07665/82 88, A-4853 Steinbach, Tel.: 07663/246 • Dr. Rießberger, A-4866 Unterach, Tel.: 07665/81 11. Die nächsten *Dekokammern* sind in Graz, Innsbruck und München.

SONSTIGE FREIZEITAKTIVITÄTEN: Segeln, Wasserschi, Tuberiding, Parasailing, Windsurfen, Elektroboote, Ruderboote, Strandbäder (Attersee, Nußdorf, Schörfling, Seewalchen, Steinbach, Freizeitpark Unterach), Hallenbäder (Atter-see, Unterach), Flußwandern/Canyoning (Steinbach), Tennis, Wandern, Berg-steigen, Klettern, Radwandern, Mountainbiking

KULTURANGEBOTE: Seeschloß Kammer, Gemeinde Schörfling, Wahrzeichen des Attersees: Schloß aus dem 13. Jh., heutige Gestalt aus dem 18. Jh., Ausstel-lungen, Schloßkonzerte

TOURISTENINFO: • FVV Attersee, A-4864 Attersee, Tel.: 07666/77 19, Fax: 07666/419 • Tourismusverband Nußdorf a. A., A-4865 Nußdorf a. A., Tel.: 07666/80 64, Fax: 07666/80 64-73 • Tourismusverband Steinbach a. A., A-4853 Steinbach, Tel.: 07663/401-0, Fax: 07663/255 21 • Tourismusverband Un-terach a. A., A-4866 Unterach, Tel.: 07665/83 27, Fax: 07665/83 27-19 • Touris-musverband Schörfling a. A., A-4861 Schörfling a. A., Tel: 07662/25 78, Fax: 07662/38 60 • Tourismusverband Seewalchen a. A., A-4863 Seewalchen, Tel: 07662/23 86, Fax: 07662/43 32

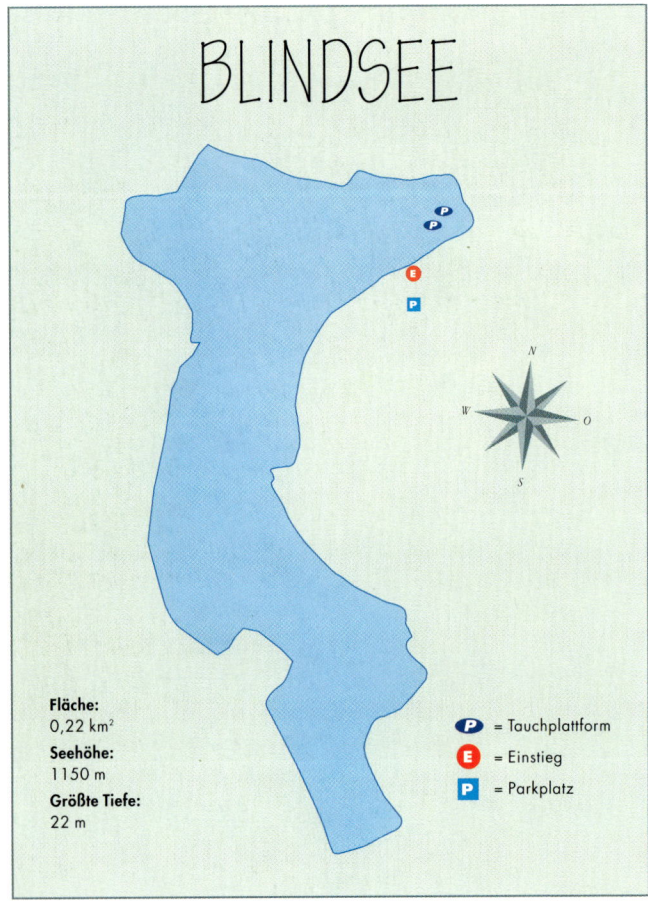

BLINDSEE

Fläche:
0,22 km²

Seehöhe:
1150 m

Größte Tiefe:
22 m

P = Tauchplattform
E = Einstieg
P = Parkplatz

ZUFAHRT: Von der BRD (entweder über Kempten, Pfronten und den Grenz-übergang Schönbichl oder über Füssen) auf der Bundesstraße B314 über Reutte nach Lermoos (Anmeldung im Hotel „Drei Mohren"), von der BRD (aus Richtung Garmisch-Partenkirchen) über Ehrwald auf der B187 bis Lermoos (Anmeldung siehe oben), aus Österreich (egal, aus welchem Teil) die Inntal-autobahn A12 bis Abfahrt Imst, weiter auf der B189 bis Nassereith, dann wei-ter auf der B314 über den Fernpaß nach Lermoos (Anmeldung wie oben). Der See selbst ist 2 km vom Hotel „Drei Mohren" entfernt.

ALLGEMEINE BESCHREIBUNG: Der Blindsee ist ein glasklarer Natursee inmit-ten von Bergen des Tiroler Außerferns. Trotz seiner relativ hohen Lage erwärmt sich der Blindsee in warmen Sommermonaten auf 24°C. Der See ist mit dem Auto erreichbar (Zufahrts- und Parkgebühr pro Auto und Tag öS 70,–).

BESTE TAUCHZEITEN: Die besten Sichtweiten herrschen im Frühjahr vor der Schneeschmelze und im Herbst.

FISCHE: sehr viele Forellen, Reinanke, Barsch, Karpfen und Saibling.

PFLANZEN: Bizarre Unterwasserlandschaft

TAUCHGEBIETE: Ein Einstieg ist neben dem Bootshaus am Parkplatz (in der Nordostecke). Für Ausbildungszwecke wurden zwei Plattformen auf 6 und 8 m errichtet.

BESONDERS INTERESSANT: Der ganze Blindsee bietet eine Fülle von UW-Erlebnissen.

TAUCHVERBOTE/SCHUTZZONEN: Tauchen ist im Blindsee nur mit Genehmigung gestattet. Diese wird ausschließlich im Hotel „Drei Mohren" in Lermoos (A-6631 Lermoos, Familie Künstner, Innsbruckerstr. 40, Tel.: 05673/23 62, Fax: 05673/35 38) ausgestellt (Kosten: öS 70,– pro Tag, Hotelgäste gratis). Bei großem Andrang werden Taucher, die Hotelgäste sind, bevorzugt.

Das Aufstellen von Kompressoren und die Inbetriebnahme ist nur beim Hotel gestattet (bitte an der Rezeption fragen). Am Seeufer und auf dem Seeparkplatz ist der Kompressorbetrieb strengstens untersagt! Mitnahme von Harpuniergeräten ist strengstens verboten!

BESONDERHEITEN/GEFAHREN: Bitte unbedingt die geänderten Nullzeiten (Bergsee) beachten!

TAUCHSCHULEN, FÜLLSTATIONEN, TAUCHINFOS: • Sporthotel Urisee (Tauchbasis, Füllstation, Geräteverleih, Tauchschule), Brigitte und Peter Kuzmiak,

A-6600 Reutte, Tel.: 05672/23 01, Fax: 05672/23 01-4. Die Flaschenfüllung ist auch bei der Wasserrettung Reutte oder mit dem eigenen Kompressor beim Hotel „Drei Mohren" in Lermoos möglich.

ARZT: • Dr. Helmut Postler, Lußgasse 8, A-6631 Lermoos, Tel.: 05673/27 87, die nächsten *Dekokammern* sind in München und in Innsbruck

SONSTIGE FREIZEITAKTIVITÄTEN: Schwimmen (in den Seen: Blindsee, Weißensee und Mittersee, in Lermoos in Hallenbädern oder im Freischwimmbad-Panoramabad), Angeln (in den Seen, die sich im Besitz des Hotels „Drei Mohren" befinden, d.h. Blindsee, Mittersee und Weißensee, mit Genehmigung des Hotels), Surfen, Paragleiten, Segelfliegen, Kegeln, Mountainbiking, Fahrradverleih, Radwandern, Reiten auf Haflingern, auch sog. Westernreiten auf

Quarter- und Painthorse, Fitneß (Forstmeilen = Trainingsstrecken im Wald), geführte Höhenwanderungen, Klettern, Bergsteigen, Bergwandern, Almabtrieb (im September), Sommerrodelbahn, Bocciabahn, Minigolf, Tennis, Squash; im Winter: Alpinschi, Langlauf, Eislaufen, Eisschießen

KULTURANGEBOTE: Tirols bekanntestes Wandertheater „Tiroler Komödianten" bietet heitere Tiroler Stücke im auch für Touristen verständlichen Dialekt, Zitherabende, Tiroler Abende, Konzerte (Orgelmusik, Pop-Jazz, Folklore, Platzkonzerte), alte Römerstraße, Ansitz Felsenheim, Dreikönigskapelle, Grieser Brunnen, Kapelle in Untergarten

TOURISTENINFO: • Tourismusverband Lermoos, Unterdorf 15, A-6631 Lermoos/Tirol, Tel.: 05673/24 01, Fax: 05673/26 94

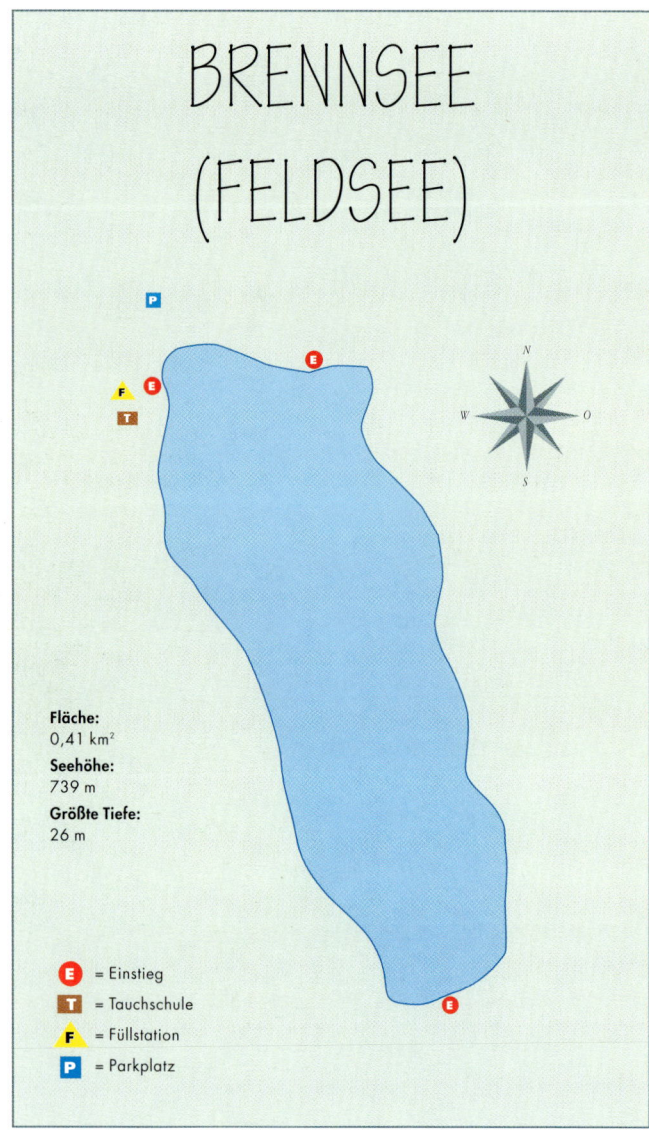

BRENNSEE (FELDSEE)

Fläche:
0,41 km²
Seehöhe:
739 m
Größte Tiefe:
26 m

E = Einstieg
T = Tauchschule
F = Füllstation
P = Parkplatz

ZUFAHRT: Von Westösterreich: Kufstein-Felbertauern-Lienz-Spittal/Drau-Radenthein-Feld am See; aus der BRD: über Salzburg auf der Tauernautobahn A10 bis Knoten Spittal-Millstättersee, weiter auf der Bundesstraße B98 Richtung Radenthein, 4 km nach Radenthein Feld am See; von Ostösterreich: Südautobahn A2 bis Villach, beim Knoten Villach auf die A10 Richtung

Spittal/Drau abzweigen, bei Villach-Nord die A10 verlassen, kurz B94 Richtung Feldkirchen, nach ca. 1 km links auf die B98 Richtung Feld am See.

ALLGEMEINE BESCHREIBUNG: Der Brennsee ist ein sehr warmer See mitten in den Nockbergen. Die Wassertemperatur erreicht im Sommer 26°C. Das Wasser ist moorig und daher eher trüb. Im Winter friert der See komplett zu, Eistauchen ist möglich. Der Brennsee liegt in einer naturbelassenen, waldreichen Gegend.

BESTE TAUCHZEITEN: Im Frühjahr und Herbst mit Sichtweiten von höchstens 4 m, ganzjährig betauchbar, im Winter für das Eistauchen gut geeignet.

FISCHE: Hecht, Karpfen, Barsch, Schleie, Aitel, Wels, Zander, Aal, Forelle, Maräne, Weißfisch, Seesaibling, Edelkrebs

PFLANZEN: Reichlich bewachsen, Seeboden verschlammt

TAUCHGEBIETE: Einstiegsmöglichkeiten gibt es bei den drei öffentlichen Strandbädern (Strandbad Beer, Strandbad Granig-Erlach und neben dem Hotel „Brennseehof"). Eine Zufahrt mit dem Auto ist kaum möglich, bitte benützen Sie die öffentlichen Parkplätze und gehen Sie die wenigen Meter zu Fuß.

BESONDERS INTERESSANT: Schöner und dichter Pflanzenbewuchs in Ufernähe, unter den vielen Fischerstegen sind größere Hechte zu finden. Für Fotografen ist der See sehr reizvoll, besonders für Freunde der Makrofotografie (Krebse, Wasserschnecken, Schwimmkäfer). Empfohlen werden besonders Nachttauchgänge, da die meisten Fische im Brennsee nachtaktiv sind.

TAUCHVERBOTE/SCHUTZZONEN: Keine besonderen Einschränkungen für Taucher. Auf die vielen Angler und Badegäste ist Rücksicht zu nehmen (am besten in großem Bogen umschwimmen bzw. umtauchen).

BESONDERHEITEN/GEFAHREN: Wegen seiner Höhenlage ist der Brennsee ein Bergsee. Getaucht werden kann ganzjährig. Keine Anmeldung erforderlich. Vorsicht vor Surfern und Segelbooten. Absolutes Badeverbot für Hunde! Motorbootsperre.

TAUCHSCHULEN, FÜLLSTATIONEN, TAUCHINFOS: • Tauchsport Neptun beim Strandbad Beer, Wolfgang Nindler, Tauchschule, Geräteverleih, Füllstation, A-9544 Feld am See, Tel.: 04246/47 06,

ARZT: • Dr. Yasin Masri, Gassen 20, A-9542 Afritz, Tel.: 04247/226 66 • Tauch-arzt Dr. Wolfgang Kukutschki, Piccostr. 26, A-9500 Villach, Tel.: 04242/424 18. Die nächste *Dekokammer* ist in Graz.

SONSTIGE FREIZEITAKTIVITÄTEN: Strandbäder, Segeln, Surfen, Skijak, Angeln, Tennis, Bogenschießen, Reiten, Mountainbiking, Radwandern (Fahrradver-leih), Bergwandern (alpines Gebiet, bis 2100 m Seehöhe), Fitneßcenter, Ses-sellifte bei Afritz, Sommerrodelbahn; im Winter: Schifahren, Langlauf, Rodeln, Eislaufen, Eisstockschießen auf dem See, Eisfischen, Naturrodelbahnen, Pfer-deschlittenpartien

KULTURANGEBOTE: Alpen-Wildpark in Feld am See, Fischmuseum in Feld am See, Schloß Porcia in Spittal an der Drau, (schönster weltlicher Renaissancebau Österreichs), Benediktinerkloster aus dem 11. Jh. und barocke Klosterkirche in Millstatt, Stiftsmuseum in Millstatt, Europas einziges Pilz-, Wald- und Naturer-lebnis-Museum mit Fantasy-Wald in Treffen, Stadtbesichtigung Villach, Kloster Ossiach am Ossiacher See

TOURISTENINFO: • Verkehrsamt Feld am See, A-9544 Feld am See, Tel.: 04246/22 73, Fax: 04246/22 80-78

STAUSEE DURLASSBODEN

Staumauer

Seehöhe:
1400 m
Größte Tiefe:
55 m
Länge/Breite:
6 km/2 km

= Tauchverbot
= Tauchgebiet

ZUFAHRT: Aus Österreich: Inntalautobahn A12 bis Abfahrt Wiesing-Zillertal, auf der Bundesstraße B169 durch das Zillertal bis Zell/Ziller, weiter über Heinzenberg nach Gerlos; aus der BRD auf der BAB über Tegernseetal bis Ausfahrt Holzkirchen, über Tegernsee und Achenpaß (sehr kurvig!) ins Inntal, dann bei Wiesing ins Zillertal und weiter wie oben.

ALLGEMEINE BESCHREIBUNG: Der Stausee Durlaßboden ist ein extremer Hochgebirgssee, der von den wundervollen Gipfeln der Zillertaler Alpen umrahmt ist. Sein kristallklares Gletscherwasser bietet im Herbst sensationelle Sichtweiten von 15 bis 20 m und mehr. Im Frühjahr und im Sommer bringt der Zufluß allerdings viel Gletscherschliff mit sich. Dann trübt sich das Wasser derartig ein, daß es in 3 m Tiefe bereits stockdunkel wird. Trotz der Höhenlage ist das Wasser wider Erwarten – zumindest im Hochsommer – nicht kalt, sondern erwärmt sich dann auf 20˚C. Eine Besonderheit dieses künstlichen Sees ist die Tatsache, daß die Staumauer nicht, wie üblich, aus Beton gegossen ist, sondern aus Steinbrocken besteht, die zu einem Damm aufgeschüttet wurden. Saftig-grüne Wiesen und teilweise auch dichte Wälder säumen die Ufer.

BESTE TAUCHZEITEN: Herbst – etwa ab Ende September und im Oktober

FISCHE: Bachforelle, Lachsforelle, Saibling, Barsch

PFLANZEN: Kein nennenswerter Bewuchs

TAUCHGEBIETE: Der gesamte See mit Ausnahme der Sperrzone

BESONDERS INTERESSANT: Das hintere (südliche) Seende

TAUCHVERBOTE/SCHUTZZONEN: Um im Stausee Durlaßboden tauchen zu können, muß man sich weder anmelden noch irgendwo eine Genehmigung einholen. Absolutes Tauchverbot herrscht allerdings bei den Einlaufbauwerken, die dem Staudamm vorgelagert sind.

BESONDERHEITEN/GEFAHREN: Extrem hoch liegender Bergsee mit stark geänderten Nullzeiten! In der Nähe der Einlaufbauwerke (wo das Wasser dem See entnommen wird) zu tauchen, bedeutet Lebensgefahr!

TAUCHSCHULEN, FÜLLSTATIONEN, TAUCHINFOS: Die nächsten Tauchshops und -schulen befinden sich in der Landeshauptstadt Innsbruck. Eine Füllmöglichkeit gibt es bei der Feuerwehr in Mayrhofen.

ARZT: Nächste *Dekokammer* in Innsbruck

SONSTIGE FREIZEITAKTIVITÄTEN: Schwimmen, Segeln, Surfen, Bootsverleih, Wandern im Wanderpark Gerlos (auch geführte Wanderungen), Bergsteigen (Bergsteigerschulungen), Hochgebirgstouren, Klettern, Mountainbiking, Kegeln, Reiten (Haflinger), Kröller Ferienranch (Wildwest-Romantik mitten in Tirol!), Tennis, Squash, Minigolf, historische Zillertal-Schmalspurbahn, historische Achensee-Zahnradbahn, Krimmler Wasserfälle (sehenswert!), Eishöhle Spannagel

KULTURANGEBOTE: Pfarrkirche Gerlos, Schwarzachkapelle in Gerlos-Gmünd, „Schaflschoade" in Gerlos: Almabtrieb einer riesigen Schafherde Anfang September, Riesengaudi mit Schafscheren, Tanz und Musik, Almabtrieb aller Kühe Ende September (besonders sehenswert) mit Almenbesichtigung, Verkostung des Melkermuas und Sennerball, Platzkonzerte und Tiroler Abende in Gerlos, Achenseebahnmuseum in Jenbach, Wachskunst in Brixlegg, Renaissanceschloß Tratzberg im Inntal, Silberstadt Schwaz mit Silberbergwerk

TOURISTENINFO: • Tourismusverband Gerlos, A-6281 Gerlos 141, Tel.: 05284/52 44-0, Fax: 05284/52 44-24 • Tauernkraftwerke Tourismus GmbH, A-6290 Mayrhofen, Tel.: 05285/81 27

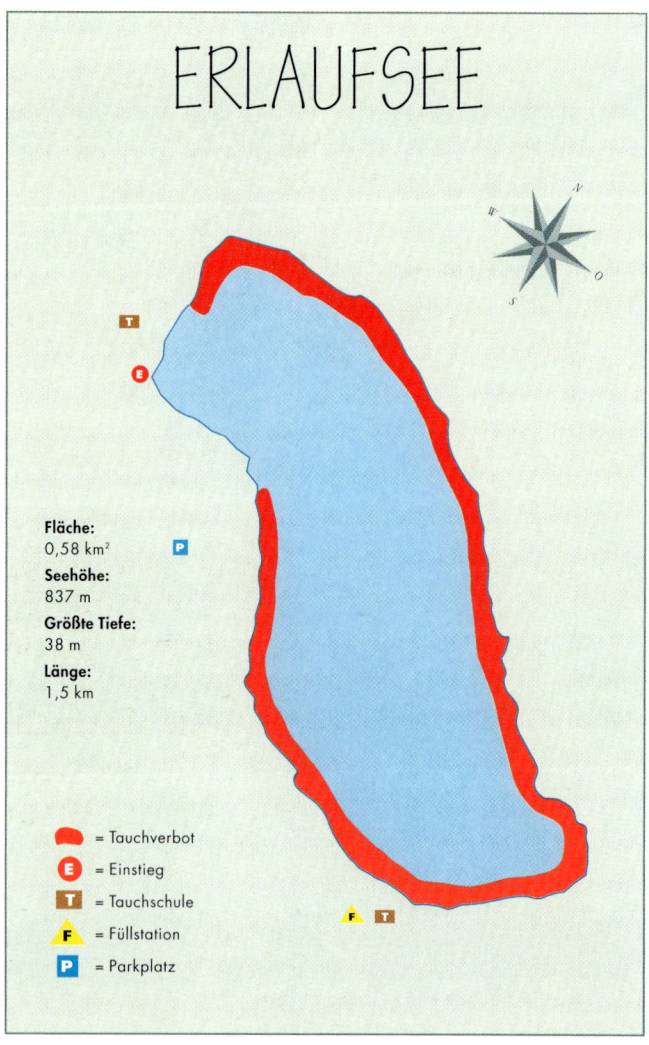

ERLAUFSEE

Fläche:
0,58 km²

Seehöhe:
837 m

Größte Tiefe:
38 m

Länge:
1,5 km

= Tauchverbot
E = Einstieg
T = Tauchschule
F = Füllstation
P = Parkplatz

ZUFAHRT: Von Westösterreich und der BRD: Autobahn A1 bis Abfahrt Ybbs, B25 Richtung Wieselburg und Scheibbs, in Neubruck auf die Landesstraße 28, ab Lassinghof B20 (Annaberg bis 12 % Steigung) Richtung Mariazell (sehr kurvenreich, Steigungen bis 10 %), in Mitterbach rechts zum Erlaufsee abfahren – Achtung: knapp vor dem Erlaufsee liegt der Erlaufstausee, der nicht zum Tauchen geeignet ist; aus der BRD auch über Passau auf der A8 über Linz auf die A1 bis Ybbs, dann weiter wie oben; von Ostösterreich: Abfahrt St. Pölten-Süd, auf der B20 über Wilhelmsburg und Lilienfeld über den Annaberg (bis 12 %

Steigung) bis Mitterbach; vom Süden: von Graz Pyhrnautobahn A9 bis Knoten Deutsch-Feistritz, weiter auf der S35 bis Kapfenberg, dann die B20 nach Mariazell, kurz nach Ortsende links auf der B71 zum See.

ALLGEMEINE BESCHREIBUNG: Der Erlaufsee (Besitzer: Österreichische Bundesforste) liegt im Ötscherland in einem bewaldeten Tal an der Grenze der Bundesländer Niederösterreich und Steiermark. Trinkwasserqualität. Benachbart sind der Naturpark Ötschertor-Mäuer und das Mariazellerland mit dem Wallfahrtsort Mariazell. Landschaftlich sehr schön. Im Umkreis von 60 km keine einzige Industrieanlage. Angenehmes Klima. Besonderheit: frei lebende Braunbären im Ötscherland.

BESTE TAUCHZEITEN: Im Frühjahr und Herbst mit Sichtweiten bis 30 m, ganzjährig betauchbar, im Winter Eistauchen

FISCHE: Äsche, Bach-, Regenbogen- und Seeforelle, Hecht, Barsch, Saibling, Reinanke, Aal

PFLANZEN: Spärlich, Seeboden verschlammt und lehmig

TAUCHGEBIETE: die Südwestecke des Sees, von Heimbachl schräg über den

See bis zur Kurve der Erlaufseestraße vor Harrys Bootssteg. Alle anderen Ufergebiete sind Kultur- und/oder Laichschonstätten.

BESONDERS INTERESSANT: Kupierte Steilwand und viele überflutete Bäume, viele Fische

TAUCHVERBOTE/SCHUTZZONEN: Alle Uferzonen mit Ausnahme der Südwestecke des Sees

BESONDERHEITEN/GEFAHREN: In Anbetracht der Höhenlage ist der Erlaufsee ein Bergsee. Es kann ganzjährig getaucht werden. Tauchzeiten im Sommer: 9–18 Uhr, im Winter: 8–17 Uhr. Die Anmeldung bei einer der beiden örtlichen Tauchschulen ist seitens der Gemeinde St. Sebastian vorgeschrieben.

TAUCHSCHULEN, FÜLLSTATIONEN, TAUCHINFOS: • Tauchschule Anton Ungerböck, Anton Ungerböck, A-8630 St. Sebastian, Tel. und Fax: 03882/41 64, Mobil-Tel.: 0663/88 91 92, Tauchschule, Ausrüstungsverleih und Tauchshop • Harrys Tauchschule (im Gasthaus Seewirt), Harald Teltschik, A-8630 St. Sebastian, Tel.: 02783/77 47, Fax: 02783/71 58, Mobil-Tel.: 0663/604 74, Tauchschule, Tauchshop, Servicestation, Füllstation, Ausrüstungsverleih

ARZT: • Dr. Heinz-Joachim Lubrich, Grazer Str. 14, A-8630 Mariazell, Tel.: 03882/31 30, Mobil-Tel.: 0663/83 50 91 • Landeskrankenhaus Mariazell, Spitalg. 4–8, A-8630 St. Sebastian, Tel.: 03882/22 22-0. Die nächsten *Dekokammern:* Graz und Wien

SONSTIGE FREIZEITAKTIVITÄTEN: Strandbäder, Hallenbäder, Dampfbäder, Windsurfen, Fischen (nur mit Karte), Segelfliegen, Reiten, Mountainbiking, Radwandern (Fahrradverleih), Tennis, Squash, Bogenschießen, Minigolf, Wandern (200 km markierte Wanderwege! Zur Zeit der Schneeschmelze besonders zu empfehlen: die Kläffer-Quellen bei Weichselboden und Gschöder (= Quellgebiet der berühmten 2. Wiener Hochquellwasserleitung), Pferdekutschenfahrten, Fitneßcenter, Sessellift von Mitterbach auf die Gemeindealpe (dort 2 Braunbären, Vinzenz und Liese, im Gehege); im Winter: Eislaufen, Eisfischen, Eisschießen, Snowboard-Center, Rodelbahn, Langlaufloipen, Schitouren

KULTURANGEBOTE: Wallfahrtsbasilika Mariazell mit Gnadenaltar der Magna Mater Austriae, gegr. 1157, Schatzkammer in der Basilika, Kardinal-Mindszenty-Museum im Pfarrhof der Basilika, Heiligen-Brunn-Kapelle in Mariazell am Fuße des Kalvarienberges (die Quelle hat angeblich Heilkräfte), Museumstramway mit der ältesten noch in Betrieb befindlichen Dampftramway der Welt aus dem Jahr 1884 zwischen St. Sebastian und dem Erlaufsee, Jagdmuseum im Gasthaus Haring in Gußwerk, Mustergut Brandhof des Erzherzogs Johann in Gollrad bei Gußwerk, mechanische Krippe am Kalvarienberg in Mariazell, Gußwerker Krampusse: (Krampuslauf mit handgeschnitzten Holzmasken am 5. Dezember)

TOURISTENINFO: • Regionalverband Mariazellerland, A-8630 Mariazell, Tel.: 03882/23 66, Fax: 03882/39 45 • Verkehrsverein Mitterbach am Erlaufsee, A-3224 Mitterbach, Tel.: 03882/42 11, Fax: 03882/32 92 • Gemeindeamt St. Sebastian, A-8630 St. Sebastian, Tel.: 03882/21 48, Fax: 03882/42 68

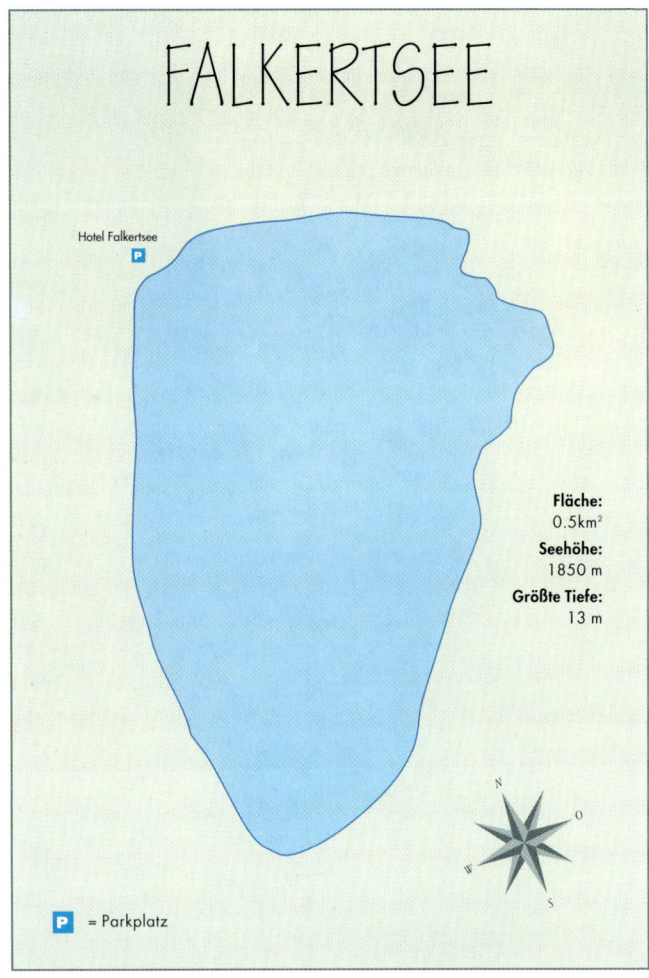

FALKERTSEE

Hotel Falkertsee

Fläche:
0.5km²
Seehöhe:
1850 m
Größte Tiefe:
13 m

N
O
W
S

P = Parkplatz

ZUFAHRT: Von der BRD und Westösterreich: über die Tauernautobahn A10, Ausfahrt Knoten Spittal-Millstätter See, weiter entlang des Millstätter Sees auf der B98 bis Radenthein, wo sie in die B88 übergeht, kurz vor Wiederschwing Landstraße links ab auf die Falkertstraße; von Ostösterreich: A2 bis Klagenfurt, dort auf die B95 Richtung Feldkirchen wechseln, dann kurz nach Wiederschwing links ab.

ALLGEMEINE BESCHREIBUNG: Der Falkertsee liegt am Fuße des Falkertspitz am Rande des Nationalparks Nockberge. Ein wundervolles Gebiet auch zum Wandern und Erholen. Die Gegend ist besonders familienfreundlich: am See liegt das höchstgelegene Kinderhotel Österreichs, und dort gibt es auch die berühmte „Heidi-Alm". Der See ist kristallklar und ein typischer Bergsee. Die Sicht ist – außerhalb der Zeit der Schneeschmelze – ganz hervorragend. Allerdings ist er immer sehr kalt. Selbst im Hochsommer liegt die Wassertemperatur an der Oberfläche nicht über 16˚C. Eistauchen ist nicht möglich. Die Luft dort oben ist so rein, daß man von einem Luftkurort reden kann – besonders anzuraten bei Asthma oder Heuschnupfen.

BESTE TAUCHZEITEN: Spätsommer

FISCHE: Saibling, Regenbogenforelle, Bachforelle

PFLANZEN: Keine

TAUCHGEBIETE: Der gesamte See ist betauchbar, gut geeignet für UW-Fotografen.

BESONDERS INTERESSANT: Schon aufgrund der Höhenlage ein ultimatives Taucherlebnis.

TAUCHVERBOTE/SCHUTZZONEN: Der Falkertsee ist Privatbesitz und gehört zum Hotel „Falkertsee", das direkt am Ufer liegt. Es ist unbedingt notwendig, um Erlaubnis zu fragen und ratsam, vorher anzurufen: Tel.: 04275/92 22-0. Grundsätzlich ist das Tauchen im Falkertsee kostenlos.

BESONDERHEITEN/GEFAHREN: Die extreme Höhenlage und auch die Kälte sind bei der Tauchgangsplanung unbedingt zu berücksichtigen.

TAUCHSCHULEN, FÜLLSTATIONEN, TAUCHINFOS: In unmittelbarer Umgebung des Sees gibt es keine taucherische Infrastruktur. Betreuung und vor allem Flaschenfüllungen sind aber am Millstätter See bei folgenden Unternehmen möglich: •Alpen-Adria-Aquanauten und 1. Österreichische Tauchakademie: Ausbildung, Füllstation, Ausrüstungsverleih, Ing. Josef Gröchenig, Strandhotel Pichler, A-9871 Seeboden, Tel.: 04762/811 80, Fax: 04762/81 18 06•Tauchbasis im Sporthotel „Club Fliegenpilz: Ausbildung, Füllstation, Ausrüstungsverleih, Roman Marcovich, A-9871 Seeboden, Tel. und Fax: 04762/817 08

ARZT: Im Falle eines Falles wird alles Notwendige von der Hotelrezeption veranlaßt. Die nächste *Dekokammer* ist in Graz.

SONSTIGE FREIZEITAKTIVITÄTEN: Angeln (im Hotel erfragen), Reiten, Tennis, Golf (in Bad Kleinkirchheim), Bergwandern, Mountainbiking, Rafting auf der Möll; besondere Kinderprogramme: Ponyreiten, Brotbacken, Seidenmalerei, Angelkurse

KULTURANGEBOTE: 1.000 Jahre alte Kirche zu Lieseregg mit spätgotischem Flügelaltar, Kirche St. Wolfgang in Seeboden, Benediktinerkloster aus dem 11. Jh. und barocke Klosterkirche in Millstatt, Stiftsmuseum, Burg Sommeregg in Treffling, Fischereimuseum in Seeboden (mit 7.000-Liter-Süßwasser-Aquarium), Konzerte in der Stiftskirche, Internationales Kunstforum Millstatt, Erlebniswelt Plüschtierzoo in Seeboden

TOURISTENINFO: •Verkehrsverein Falkert, A-9564 Falkert-Patergassen, Tel.: 04275/92 22-0, Fax: 04275/92 22-40

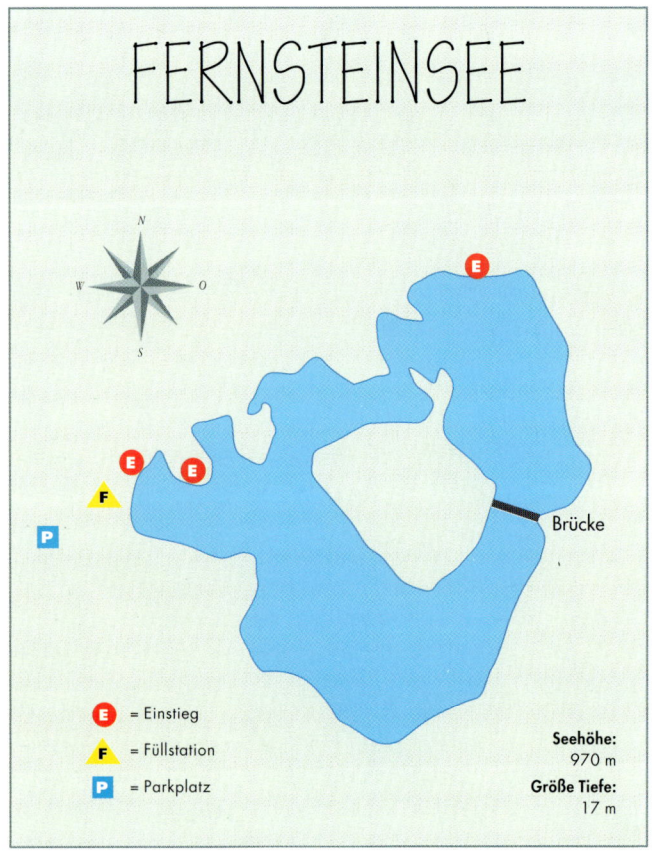

FERNSTEINSEE

N
W ⊙ O
S

Brücke

E = Einstieg
F = Füllstation
P = Parkplatz

Seehöhe:
970 m
Größe Tiefe:
17 m

ZUFAHRT: Von der BRD (entweder über Kempten, Pfronten und den Grenz-übergang Schönbichl oder über Füssen) auf der Bundesstraße B314 bis Reut-te, weiter über den Fernpaß; von der BRD aus Richtung Garmisch-Partenkir-chen: über Ehrwald auf der B187 bis Lermoos, weiter auf der B314 Richtung Reutte und weiter über den Fernpaß; aus Österreich (egal, aus welchem Teil) die Inn-talautobahn A12 bis Abfahrt Imst, auf der B189 bis Nassereith, dann weiter auf der B314 bis Fernstein.

ALLGEMEINE BESCHREIBUNG: Der Fernsteinsee ist ein klarer und kalter Berg-see, einer der saubersten und klarsten im gesamten Alpenraum.

BESTE TAUCHZEITEN: Die besten Sichtweiten im Frühjahr und im Herbst, bis zu sensationellen 80 m (wie der benachbarte Samaranger See).

FISCHE: Forelle

PFLANZEN: Sehr empfindliche, für Bergseen typische Unterwasserflora. Bitte keine Sedimente aufwirbeln, sonst gehen die Pflanzen zugrunde!

TAUCHGEBIETE: Zwei Einstiege neben dem Bootshaus, ein dritter in der Nord-ecke (siehe Skizze).

BESONDERS INTERESSANT: Forellenschwärme im smaragdgrün-klaren Wasser

TAUCHVERBOTE/SCHUTZZONEN: Der Fernsteinsee befindet sich im Privatbe-sitz der Familie Köhle, der Eigentümer des „Hotel Schloß Fernsteinsee". Tau-chen ist im Fernsteinsee nur für Hotelgäste mit Halbpension erlaubt. Um eine Tauchgenehmigung zu bekommen, muß man ein PADI-OW-Brevet oder 1* VIT-Brevet oder 1* CMAS-Brevet samt Logbuch vorweisen.

BESONDERHEITEN/GEFAHREN: Bitte unbedingt die geänderten Nullzeiten (Bergsee) beachten!

TAUCHSCHULEN, FÜLLSTATIONEN, TAUCHINFOS: Füllstation und Trocken-raum befinden sich im ● Hotel Schloß Fernsteinsee, Fam. Köhle, A-6465 Nas-sereith, Tel.: 05265/52 10, Fax: 05265/521 74

ARZT: ● Dr. Peter Mayer, A-6465 Nassereith, Tel.: 05265/57 34 (Erfahrung bei Tauchunfällen), nächste *Dekokammer* in Innsbruck.

SONSTIGE FREIZEITAKTIVITÄTEN: Schwimmen (Hallenbad in Nassereith), Angeln (nur mit der Genehmigung des Hotels, Fische müssen in der Küche abgegeben werden), Rudern, Rafting, Mountainbiking, Fahrradverleih, Rad-wandern, Reiten, geführte Höhenwanderungen, Wandern (40 km markierte Wanderwege), Klettern, Bergsteigen, Bergwandern, Tennis im Winter: Alpin-schi, Langlauf, Eislaufen, Eisschießen

KULTURANGEBOTE: Romantische Burgruine am See (Sigmundsburg), barocke Dorfkirchen überall in der Umgebung, Tiroler Abende, Stift Stams (mit Für-stengruft), die Stadt Innsbruck, Renaissanceschloß Ambras bei Innsbruck (unbedingt besuchen!)

TOURISTENINFO: ● Tourismusverband Nassereith, A-6465 Nassereith am Fern-paß/Tirol, Tel.: 05265/52 53, Fax: 05265/57 41

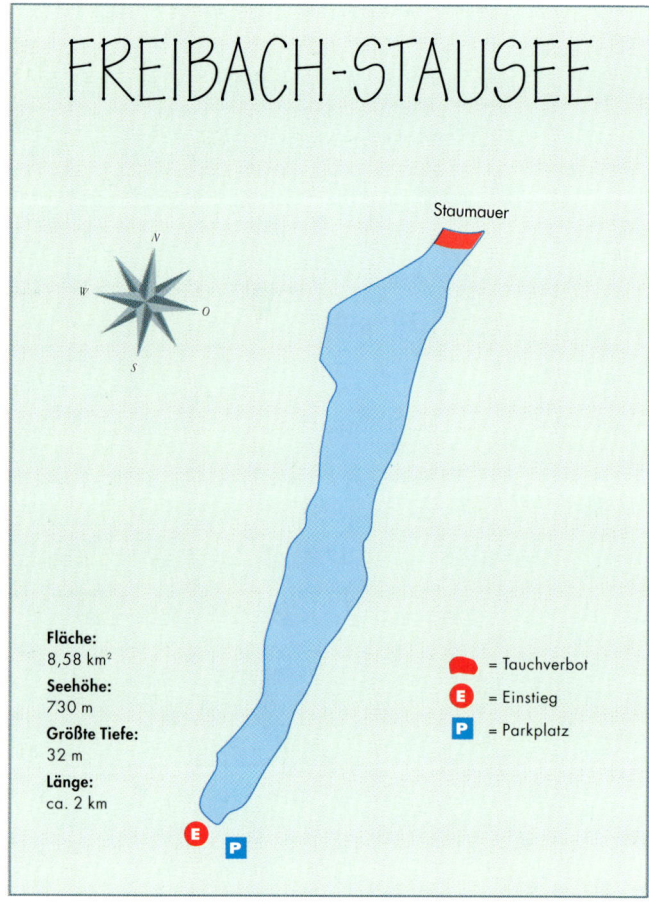

FREIBACH-STAUSEE

Staumauer

N
W   O
S

Fläche:
8,58 km²
Seehöhe:
730 m
Größte Tiefe:
32 m
Länge:
ca. 2 km

= Tauchverbot
E = Einstieg
P = Parkplatz

ZUFAHRT: Von Ostösterreich auf der Autobahn A2 über Graz nach Völkermarkt, dann auf der B82 Richtung Eisenkappl und kurz nach Sittersdorf rechts auf die B85 nach St. Margareten im Rosental, kurz vor der Ortschaft geht eine Landstraße links ab Richtung Freibach und Zell-Pfarre zum Stausee; aus allen anderen Richtungen auf der Tauernautobahn A10 bis Villach, dann auf der A2 bis Klagenfurt, dort auf die B91 Richtung Ferlach, in Ferlach auf die B85 wechseln, bis St. Margareten im Rosental, kurz nach der Ortschaft rechts ab Richtung Freibach und Zell-Pfarre bis zum Stausee, Parkplätze und ein Gasthaus liegen am südlichen Ende des Sees.

BESCHREIBUNG: Dieser künstlich angelegte See, inmitten der hohen, schön bewaldeten Berge der Karawanken gelegen, ist erstaunlich klar. Selbst im Sommer beträgt die Sicht noch fünf Meter. Im Herbst nimmt die horizontale Sichtweite bis auf herrliche 15 m zu. Als Badesee ist der Freibach-Stausee sehr beliebt. Im südlichen Teil finden UW-Fotografen interessante Motive (überschwemmte Wiesen, überhängende Bäume, Forstbruch).

BESTE TAUCHZEITEN: Herbst und Frühjahr vor der Schneeschmelze.

FISCHE: wenige Forellen, Elritzen

PFLANZEN: In der Uferregion schöner Bewuchs, Forstbruch am Südende, sonst recht kahl

TAUCHGEBIETE: Überall

BESONDERS INTERESSANT: Der südliche Teil des Sees, eine überschwemmte Kapelle. W-Fotografen finden in diesem See tolle Motive. In der Seemitte kann man die Reste eines alten Sägewerks sehen.

TAUCHVERBOTE/SCHUTZZONEN: An der Staumauer ist das Tauchen verboten.

BESONDERHEITEN/GEFAHREN: Achtung: Stausee! Manchmal wird der Wasserspiegel abgesenkt, dann lohnt das Tauchen nicht.

TAUCHSCHULEN, FÜLLSTATIONEN, TAUCHINFOS: Am See keine taucherische Infrastruktur. Die nächsten Tauchshops und -schulen sind in Krumpendorf und Klagenfurt. Flaschenfüllungen sind bei der Freiwilligen Feuerwehr in St. Margareten im Rosental möglich.

ARZT: Ärztenotruf Tel.: 0463/141, die nächste *Dekokammer* befindet sich in Graz.

SONSTIGE FREIZEITAKTIVITÄTEN: Schwimmen, Windsurfen, Wandern, Bergsteigen, Klettern (alle Schwierigkeitsgrade), Tennisplatz in Zell

KULTURANGEBOTE: St. Margareten im Rosental ist ein altes Handwerkszentrum der Faß- und Geschirrbinder, man kann da den Handwerkern bei ihrer interessanten Arbeit zusehen.

TOURISTENINFO: • Gemeindeamt Zell-Sele, A-9170 Zell-Pfarre 75, Tel.: 04227/72 10, Fax: 04227/72 10-4

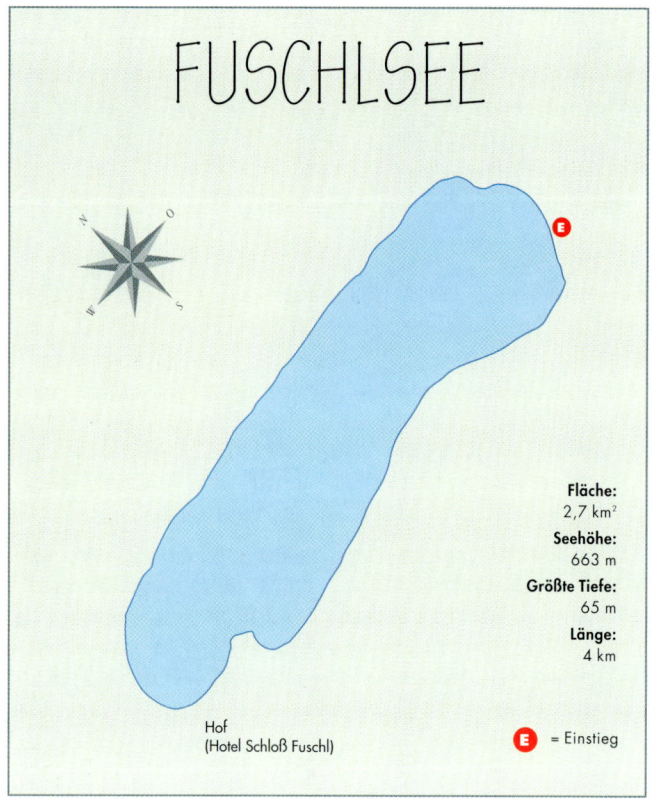

Fläche:
2,7 km²
Seehöhe:
663 m
Größte Tiefe:
65 m
Länge:
4 km

Hof
(Hotel Schloß Fuschl)

E = Einstieg

ZUFAHRT: Von Westösterreich auf der Westautobahn A1 bis Abfahrt Thalgau, von dort auf der B158 nach Fuschl; von der BRD über Salzburg auf der A1 Richtung Wien und weiter wie oben; von Ostösterreich auf der Westautobahn A1 bis Abfahrt Thalgau, weiter wie oben; von Südösterreich auf der Tauernautobahn A10 bis Knoten Salzburg, weiter auf der A 1 Richtung Wien, Abfahrt Thalgau, dann wie oben.

ALLGEMEINE BESCHREIBUNG: Der Fuschlsee ist ein im Sommer beliebter und stark besuchter Badesee. Er ist sehr warm und normalerweise glasklar (Trinkwasserqualität), er eignet sich deshalb sowohl für das Schwimmen als auch für das Tauchen in hohem Maße. Der Fuschlsee ist ein sehr fischreiches Gewässer. Da der Fuschlsee ein Wasserschutzgebiet ist und die Fischer keinen Tauch-Massenbetrieb wünschen, sind keine größeren Tauchergruppen zugelassen. Das höchste der Gefühle sind vier Taucher auf einmal. Im Ortsstrandbad können Taucher gegen geringes Entgelt Umkleidekabinen, Duschen und Toiletten benützen und eine gepflegte Liegewiese mit Büffet und einem flachen Naturstrand in Anspruch nehmen.

BESTE TAUCHZEITEN: Herbst und Frühjahr

FISCHE: Reinanke, Hecht, Rotauge, Elritze, Aitel, Äsche, Flußbarsch, Aal

PFLANZEN: Schilf im Uferbereich, sehr schöne Seerosenfelder

TAUCHGEBIETE: Der einzige Einstieg ist das Strandbad von Fuschl.

BESONDERS INTERESSANT: Die vielen Fische, die sich meist in einer Tiefe von 5–7 m aufhalten, und die Unterwasserflora

TAUCHVERBOTE/SCHUTZZONEN: Jeder Taucher hat sich beim Fischereimeister, Herrn Langmaier, oder seinem Stellvertreter, Herrn Meindl, im Hotel Schloß Fuschl persönlich die Taucherlaubnis zu holen (an der Rezeption fragen). Wer sich nicht daran hält, ist mit Schuld daran, wenn wieder ein See für Taucher gesperrt wird. Wegen der Laichzeit ist der gesamte See von Mitte September bis Mitte März gesperrt. Das Tauchen an und für sich ist gratis.

BESONDERHEITEN/GEFAHREN: Auf Besonderheiten und gesperrte Gebiete weist der Fischereimeister im persönlichen Gespräch hin. Sollte man bei einem Tauchgang unerwarteter Weise auf irgendwelche Kriegsrelikte stoßen, so ist das zu melden. Andernfalls drohen hohe Geldstrafen von öS 5.000,– bis öS 10.000,–.

TAUCHSCHULEN, FÜLLSTATIONEN, TAUCHINFOS: Vor Ort gibt es keine taucherische Infrastruktur. Wegen Flaschenfüllungen bei der Wasserrettung nachfragen. Die nächsten Tauchbasen sind am Wolfgangsee und Mondsee.

ARZT: • Dr. Eckehard Herbst, A-5330 Fuschl, Tel.: 06226/681, A-5340 St. Gilgen, Tel.: 06227/7272-0, • Dr. Peter Kowatsch, A-5330 Fuschl, Tel.: 06226/680, A-5340 St. Gilgen, Tel.: 06227/307, die nächste *Dekokammer* ist in Innsbruck.

SONSTIGE FREIZEITAKTIVITÄTEN: Schwimmen, Windsurfen, Segeln, Ruder-, Tret- und Elektroboote, Angeln, Reiten, Golf, Minigolf, Tennis, Bogenschießen, Mountainbiking, Sommerrodeln, Wandern, Ausflug zu den Dachsteinhöhlen

KULTURANGEBOTE: Platzkonzerte auf der Seepromenade oder auf dem Dorfplatz, Ruine Wartenfels, alte Rumingmühle am Eingang des Ellmautales: vom Getreide zum Bauernbrot nach alter Art, jeden Freitag nachmittag in Betrieb, Mozartstadt Salzburg, Freilichtmuseum Großgmain mit alten Bauernhöfen, Burg Mauterndorf im Lungau, Salzbergwerk in Dörnberg bei Hallein

TOURISTENINFO: • Fremdenverkehrsverband Hof, A-5322 Hof bei Salzburg, Tel.: 06229/22 49, Fax: 06229/34 53 • Fremdenverkehrsverband Fuschl, A-5330 Fuschl am See, Tel.: 06226/250 oder 384, Fax: 06226/650

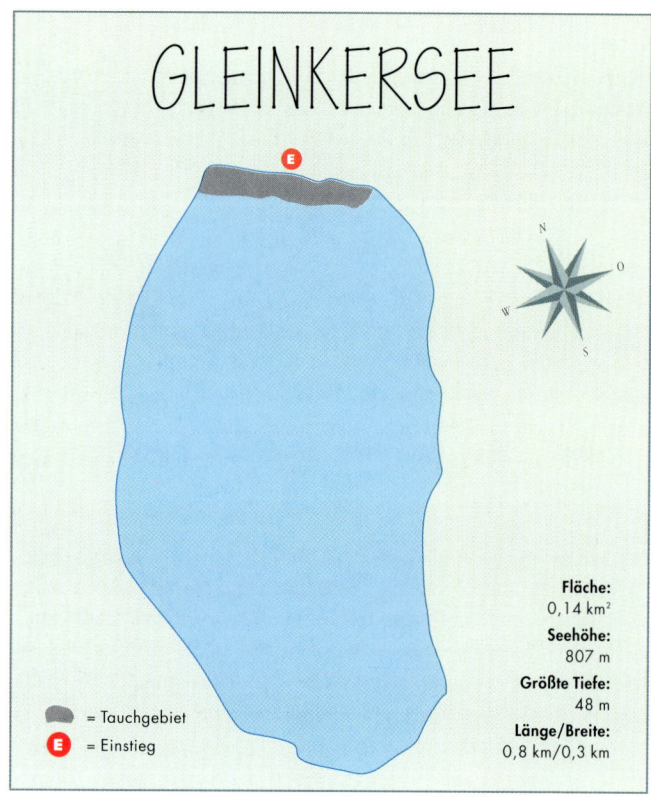

GLEINKERSEE

Fläche:
0,14 km²

Seehöhe:
807 m

Größte Tiefe:
48 m

Länge/Breite:
0,8 km/0,3 km

= Tauchgebiet

E = Einstieg

ZUFAHRT: Aus der BRD entweder über Passau auf der Innkreisautobahn A8 bis Abfahrt Wels-Nord und dort auf die Bundesstraße B138 bis Sattledt, wo man auf die Westautobahn A1 Richtung Salzburg auffahren muß, weiter bis Voralpenkreuz, dort auf die A9 (Pyhrnautobahn) Richtung Graz wechseln, weiter bis Abfahrt Roßleithen, dann weiter auf der Gleinkerseestraße; oder über Salzburg auf der Westautobahn A1 Richtung Linz bis Voralpenkreuz, weiter auf der A9 wie oben. Von Westösterreich die oben beschriebene Route über Salzburg wählen. Von Ostösterreich auf der A1 Richtung Salzburg bis zum Voralpenkreuz und weiter wie oben. Von Südösterreich bis Graz und weiter auf der Pyhrnautobahn bis zur Abfahrt Roßleithen, weiter auf der Gleinkerseestraße.

ALLGEMEINE BESCHREIBUNG: Ein romantischer Badesee, 4 km vom Ort Spital am Pyhrn entfernt, mitten in einer einzigartig schönen Naturlandschaft. Gehört zu den wärmsten Gebirgsseen in Oberösterreich. Die Straße führt bis zum Gasthof Seebauer, wo man auch Ruderboote mieten kann. Rund um den See führt ein markierter Wanderweg. Grundsätzlich ist der Gleinkersee ein Anglerrevier.

BESTE TAUCHZEITEN: Frühjahr und Herbst

FISCHE: Karpfen, Zander, Forelle, Hecht

PFLANZEN: Keine Besonderheiten

TAUCHGEBIETE: Kein typisches Tauchrevier. Nur der hinterste Teil ist einigermaßen betauchbar. Das bedeutet eine 3/4 Stunde Fußmarsch mit der gesamten Ausrüstung. Der vordere Teil ist verschlammt.

BESONDERS INTERESSANT: Gar nichts. Dieser See ist die Anfahrt nicht wert.

TAUCHVERBOTE/SCHUTZZONEN: Der Gleinkersee befindet sich im Besitz der Österreichischen Bundesforste, die nur Einzeltauchgenehmigungen erteilen. Die zuständige Forstverwaltung hat ihren Sitz in Spital am Pyhrn, wo man den Forstmeister, Oberforstrat DI Hattinger (Tel.: 07563/684-0 oder 685) kontaktieren muß. Aufgrund einer Sondervereinbarung haben die Mitglieder der ÖTSV die Tauchgenehmigung im Gleinkersee, die man bei der Forstverwaltung vorweisen muß. Der Hintere Gleinkersee ist gesperrt.

TAUCHSCHULEN, FÜLLSTATIONEN, TAUCHINFOS: Keine Tauchinfrastruktur vorhanden.

ARZT: • Dr. Christoph Gottschall, Haus Nr. 149, A-4582 Spital am Pyhrn, Tel.: 07563/227-0; die nächste *Dekokammer* ist in Graz.

SONSTIGE FREIZEITAKTIVITÄTEN: Bootsverleih (Ruderboote), Drachenflug- und Paragleitschule, Wandern (besonders empfehlenswert die wilde Dr.-Vogelgesang-Klamm), Reiten, Tennis, Minigolf, Rafting, Sommerrodelbahn, Hallenbad (in Spital), Kegeln, Kutschenfahrten, Sportklettern, Wurzeralm mit Standseilbahn (schönes Naturschutzgebiet), Wild- und Freizeitpark Roßleithen

KULTURANGEBOTE: „Dom am Pyhrn", barocke Stiftskirche in Spital, Spätgotische Felsenkirche St. Leonhard in Spital (doppelstöckig), einziges österreichisches Felsbildermuseum, Sensenwerk Schröckenfux (eine der letzten noch in Betrieb befindlichen alten Sensenschmieden in Roßleithen), gotischer Turm aus dem 15. Jh. in Windischgarsten

TOURISTENINFO: • Tourismusverband Spital am Pyhrn, A-4582 Spital, Tel.: 07536/249 oder 70 07, Fax: 07536/70 07

VORDERER GOSAUSEE
Fläche: 0,5 km²
Seehöhe: 933 m
Größte Tiefe: ca. 69 m
(je nach Stauhöhe)

HINTERER GOSAUSEE
Seehöhe: 1161 m
Größte Tiefe: 18 m

= Tauchgebiet
= Tauchverbot
E = Einstieg
P = Parkplatz

ZUFAHRT: Von Salzburg und der BRD auf der A1 bis zur Abzweigung auf die Tauernautobahn A10 (Knoten Salzburg), auf der A10 bis Abfahrt Golling, weiter auf der Bundesstraße B166 bis kurz nach Abtenau, links auf die B162 wechseln bis zum Ort Gosau (auf dieser Straße Wohnwagenanhänger-Verbot!); von Südösterreich (Kärnten) auf der A10 (Tauernautobahn) bis Abfahrt Golling und weiter wie oben. Von Graz auf der A9 bis Knoten Selzthal, dann Richtung Liezen, von dort auf der B146 bis Pürgg, weiter auf der B145 bis Bad Goisern, von dort links auf die B166 über Steeg und Gosauzwang nach Gosau; von Ostösterreich auf der Westautobahn A1 bis Ausfahrt Regau, weiter auf der B145 über Bad Ischl nach Bad Goisern und weiter auf der B166 wie oben.

ALLGEMEINE BESCHREIBUNG: Die Gosauseen liegen in der Skiregion Dachstein-West, inmitten unberührter Wälder, umrahmt vom Dachsteinmassiv mit seinen schroffen Bergen (bis 3000 m) und dem ewigen Eis der Gletscher. Sowohl der Vordere als auch der Hintere Gosausee mitsamt der dazwischen liegenden Gosaulacke sind ausgesprochene Bergseen, das ganze Jahr sehr kalt, mit Trinkwasserqualität.

BESTE TAUCHZEITEN: Kurz vor dem ersten Schneefall ist die Sichtweite des Vorderen Gosausees am besten, bis 25 m, allerdings bewegt sich da die Wassertemperatur nur mehr um 4°C (Trockentauchanzug ist angebracht). Die Sicht im Hinteren Gosausee erreicht über 20 m.

FISCHE: Barsch, Hecht, Elritze, Forelle

PFLANZEN: Nährstoffarm, kaum Algen

TAUCHGEBIETE: Vorderer Gosausee (auf der Straße von Gosau bis zum Parkplatz am nördlichen See-Ende beim Gasthof „Gosausee", weiter zu Fuß auf einem Wanderweg bis zum Bootsverleih), Einstieg am Steg neben dem Bootsverleih (eine Treppe führt in die Unterwasserwelt), vom Steg bis zum Gasthof „Gosausee". Vom Vorderen Gosausee führt ein markierter Wanderweg entlang des Nordostufers an der Gosaulacke vorbei zum Hinteren Gosausee.

BESONDERS INTERESSANT: Steile Wände im Vorderen Gosausee beim Einstieg am Bootsverleih, für UW-Fotografen sehr interessante Lichtverhältnisse. In der Gosaulacke kann man im Frühjahr das Liebesspiel der Bergmolche beobachten (Schnorchel genügt). Der klare Hintere Gosausee birgt einen märchenhaften Unterwasserwald.

TAUCHVERBOTE/SCHUTZZONEN: Bis auf das oben genannte Tauchrevier ist das restliche Ufer eine Laichschonzone, in der das Tauchen verboten ist – bei Nichtbeachtung drohen Geldstrafen von öS 5.000,– bis öS 30.000,–.

BESONDERHEITEN/GEFAHREN: Zu beachten ist die hohe Lage (besonders beim Hinteren Gosausee) – geänderte Nullzeiten – und die das ganze Jahr über herrschende Kälte, die das Tauchen riskant machen können.

TAUCHSCHULEN, FÜLLSTATIONEN, TAUCHINFOS: • Tauch- und Freizeitzentrum Hallstättersee, Robert und Karin Funk, Gasthof „Zum alten Forsthaus", Gosauzwang 7, A-4823 Steeg/Hallstätter See, Tel.: 06134/83 72, Fax: 06134/83 72-4, ganzjährig geöffnet • Tauchschule Zauner, Gerhard Zauner, Tauchergasthof Hallberg, A-4830 Hallstatt, Tel.: 06134/82 86, Fax: 06134/82 86-5, ganzjährig geöffnet.

ARZT: • Dr. Norbert Ringer, A-4824 Gosau, Tel. 06136/82 15; die nächste *Dekokammer* ist in Graz.

SONSTIGE FREIZEITAKTIVITÄTEN: Bootsverleih, Angeln, Hallenbad, Tennis, Paragliding, Klettern, Mountainbiking, River-Rafting, Kegeln, Wanderungen auf 120 km markierten Wanderwegen, geführte Bergtouren, Wanderungen und Führungen auf den Dachstein, Almfahrten mit dem „Gosauer Bummelzug"

KULTURANGEBOTE: Riesenhöhle und Mammuthöhle – die größten Eishöhlen Europas, Hallstatt und sein Salzbergwerk, Bad Ischl mit der Sommerresidenz von Kaiser Franz Josef I., die weltberühmte Mozartstadt Salzburg

TOURISTENINFO: • Tourismusverband Gosau am Dachstein, A-4824 Gosau, Tel.: 06136/82 95, Fax: 06136/82 55

GRABENSEE

Seeham

E

Fläche:
1,3 km²
Seehöhe:
500 m
Größte Tiefe:
13 m
Länge/Breite:
2 km/0,8 km

E = Einstieg

ZUFAHRT: Von Ostösterreich auf der Autobahn A1 bis Abfahrt Mondsee, weiter auf der B154 Richtung Straßwalchen, in Straßwalchen auf die B1 Richtung Neumarkt am Wallersee, weiter auf der Landstraße nach Mattsee; von Südösterreich auf der Pyhrnautobahn A9 bis zum Voralpenkreuz, weiter auf der A1 Richtung Salzburg und weiter wie oben bzw. auf der Tauernautobahn A10 bis Salzburg, dann A1 Richtung Wien, Abfahrt Wallersee, weiter ganz kurz auf der Bundesstraße B1 bis zur Abzweigung Seekirchen am Wallersee, auf der Landstraße Richtung Obertrum-Mattsee; aus der BRD über Salzburg auf die A1 Richtung Wien und weiter wie oben

ALLGEMEINE BESCHREIBUNG: Der Grabensee ist das letzte Glied in der Trumer-Seen-Kette und wird nur vom Abfluß des Obertrumer Sees gespeist. Dieser See ist ein Gewässer für Sport- und Berufsfischer. Das Wasser ist sehr trüb, die

Sichttiefe beträgt maximal 3 m. Ab 9 m Tiefe gibt es keinen Sauerstoff mehr. Die flachen Seeufer sind teils sandig-schottrig, teils mit einem Schilfgürtel bewachsen. Dieser Schilfgürtel ist das Laichgebiet der Seefische und spielt für die reichhaltige Vogelwelt eine wichtige Rolle. Die gesamte Region legt viel Wert auf einen ökologischen Tourismus. Tauchen ist für diese Gegend noch sehr neu.

BESTE TAUCHZEITEN: Frühjahr und Sommer

FISCHE: Sehr fischreich. Reinanke, Aal, Zander, Waller, Karpfen, Barsch, Brachse, Schleie, Hecht

PFLANZEN: Abgesehen vom Schilfgürtel eher spärlich, viele Algen

TAUCHGEBIETE: Einstieg beim öffentlichen Strandbad, da sich der Großteil des Ufers in Privatbesitz befindet.

BESONDERS INTERESSANT: Nichts

TAUCHVERBOTE/SCHUTZZONEN: Tauchverbot zum Schutz der Laichschonstätten. Die Fischereiberechtigten haben rund um den Grabensee ihre speziellen Fangstellen mit Netzen. Deswegen ist es ratsam, sich vor einem Tauchgang genauestens bei der Wasserrettung oder der Touristeninformation zu erkundigen.

BESONDERHEITEN/GEFAHREN: Keine

TAUCHSCHULEN, FÜLLSTATIONEN, TAUCHINFOS: Direkt am Grabensee fehlt jegliche taucherische Infrastruktur. Flaschenfüllen ist bei der Wasserrettung möglich, sonst nur am Mondsee oder in Salzburg bei: •Erstes Salzburger Tauch-Center Peter Pölzl, Tauchschule und Tauchshop, Innsbrucker Bundesstraße 53, A-5020 Salzburg, Tel.: 0662/82 76 45, Mobil.Tel.: 0664/207 33 90

TAUCHARZT: •Dr. Gerhard Wimmer, A-5163 Mattsee, Tel.: 06217/75 75 (Landesverbandsarzt der Wasserrettung); nächste *Dekokammer* in Innsbruck.

SONSTIGE FREIZEITAKTIVITÄTEN: Schwimmen, Angeln, Golf, Minigolf, Paragleiten, Drachenfliegen, Bergsteigen, Reiten, Kegeln, Radwandern, Mountainbiking, Squash, Tennis, Naturpark Buchberg mit Lehrpfad

KULTURANGEBOTE: Barocke Kapelle „Zum Guten Hirten" in Obertrum, mehr als 200 Jahre alte Kaiserbuche in Obertrum, Heimatmuseum Obertrum, Freilichtmuseum Kugelmühle in Seeham, Kunstgalerie Trumer Seen, Galerie in Seeham, Kollegiatstift Mattsee (ehemalige Propstei und Stiftsmuseum), Wartsteinkapelle (ehemalige Einsiedelei), Bajuwaren-Freilichtschau; empfehlenswert ist außerdem ein Besuch in der Mozartstadt Salzburg.

TOURISTENINFO: • Trumer Seen Tourismus Ges.m.b.H., A-5163 Mattsee, Tel.: 06217/60 80 bzw. 520, Fax: 06217/74 21, A-5162 Obertrum, Tel.: 06219/307, A-5164 Seeham, Tel.: 06217/493

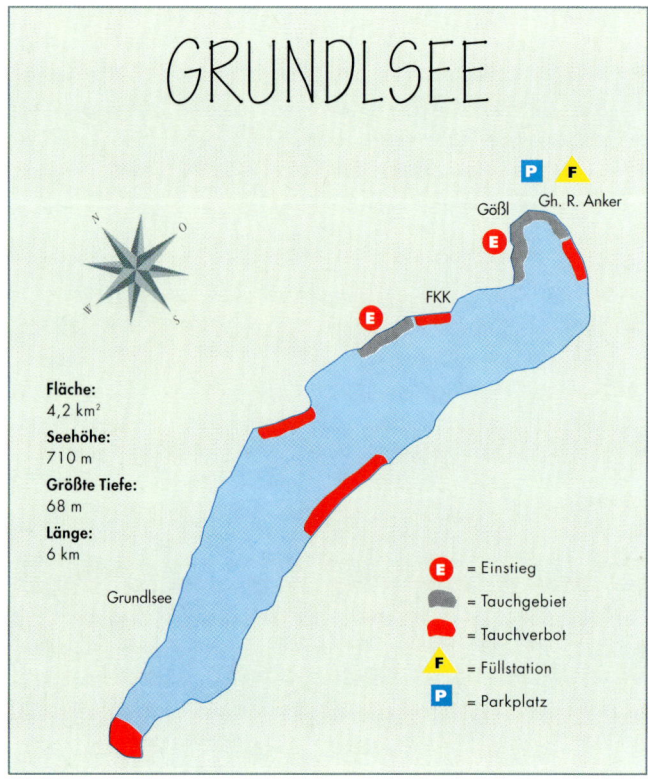

GRUNDLSEE

Gh. R. Anker

Gößl

FKK

Fläche:
4,2 km²
Seehöhe:
710 m
Größte Tiefe:
68 m
Länge:
6 km

Grundlsee

E = Einstieg
= Tauchgebiet
= Tauchverbot
F = Füllstation
P = Parkplatz

ZUFAHRT: Von Westösterreich und der BRD: über Salzburg auf der Westautobahn A1 bis Abfahrt Thalgau, weiter auf der B158 über Hof bis Bad Ischl, anschließend auf der B145 über Bad Goisern bis Bad Aussee und von dort auf der Landstraße nach Grundlsee; von Ostösterreich auf der Westautobahn A1 bis Abfahrt Regau, dann auf der B145 über Gmunden entlang des Traunsees nach Bad Ischl und weiter wie oben; von Graz auf der Pyhrnautobahn A9, beim Knoten Selzthal Richtung Liezen abfahren, weiter auf der B146 nach Steinach-Irdning, und dann auf der Salzkammergut-Bundesstraße B145 bis Bad Aussee, weiter wie oben.

ALLGEMEINE BESCHREIBUNG: Der Grundlsee ist der größte See der Steiermark. Nur wenige Seen in Österreich können mit derart hervorragenden Horizontalsichtweiten aufwarten wie der smaragdgrüne Grundlsee: bis 15 m, bei Bacheinmündungen und in Quellbereichen auch mehr. Im Grundlsee ist die UW-Fauna besonders reizvoll. Allerdings ist der See wegen der vielen einmündenden Gebirgsbäche ziemlich kühl. Er friert im Winter zu und ist für das Eistauchen geeignet. Der Grundlsee ist Privatbesitz und gehört den Österreichischen Bundesforsten. Er steht unter Naturschutz.

BESTE TAUCHZEITEN: Ganzjährig, ausgenommen die Zeit der Schneeschmelze, im Sommer 9–18 Uhr, im Winter 8–17 Uhr.

FISCHE: Barsch, Hecht, Aalrutte (besonders an der Einmündung des Toplitzbaches), Forelle, Saibling, Elritze – die Fische sind hier besonders intensiv gefärbt.

PFLANZEN: Saftiger Bewuchs, malerische Baumstämme, Baumstrünke und Wurzelstöcke

TAUCHGEBIETE: „Längs": Bereich nördlich der Schiffsstation/Bootsvermietung beim Gasthof Post bis kurz nach dem Rosstern; „Kreuz": Zone südlich vom sogenannten „Kreuz" in Richtung See-Ende bis kurz vor dem FKK-Strand; „Rostiger Anker": Gebiet im nördlichsten Teil des Sees von der Einmündung des Zimitzbaches bis kurz vor die Einmündung des Toplitzbaches; „Wienerin": steilere Uferbereiche an der Südseite des Sees, nur mit Boot erreichbar

BESONDERS INTERESSANT: Die besten Tauchplätze beim Gasthaus „Rostiger Anker", idyllische Einstiegsstellen liegen insbesondere im Bereich des nördlichen Seezipfels. Alle oben genannten Tauchzonen sind reizvoll. Der hintere Seeteil ist wegen seiner bizarren Bäume besonders anziehend.

Die Aalrutten an der Mündung des Toplitzbaches erreichen nicht selten die stattliche Länge von 1 m! Die dichten Laichkräuter sind bevorzugte Standplätze für große Hechte.

TAUCHVERBOTE/SCHUTZZONEN: Die Bundesforste haben ein Info-Blatt für Taucher aufgelegt, das im Fremdenverkehrs-Informationsbüro und im Gemeindeamt aufliegt. In allen oben nicht genannten Zonen herrscht striktes Tauchverbot zum Schutz der Laichschonstätten, die durch Tafeln eindeutig gekennzeichnet sind. Bei Nichtbeachtung der Tauchverbote drohen Strafen von öS 5.000,– bis öS 30.000,–. Erlaubte Zeiten: 9–17 Uhr. Am gesamten See gilt ein Nachttauchverbot. Verboten ist auch das Tauchen in den Zu- und Abflüssen. Die Tauchplätze am Gasthaus „Rostiger Anker" und an der Einmündung des Toplitzbaches sind vom 15.9. bis zum 31.12. gesperrt, um die Fischlaichgebiete zu schonen. Es ist ratsam, sich im Gemeindeamt Grundlsee über eventuelle, kurzfristig verhängte lokale Tauchverbote zu

informieren, um nicht mit den Ortsansäßigen in Konflikt zu geraten. Auch bei den Schiffsanlegestellen der Linienschiffahrt ist das Tauchen aus Sicherheitsgründen verboten. Die im See liegenden Stromleitungen dürfen nicht berührt werden. Rund um den See und im gesamten Gemeindegebiet von Grundlsee ist die Verwendung von Kompressoren verboten. Das Ablegen und Lagern von Tauchgeräten und Ausrüstungsgegenständen ist auf den Ruhe- und Badeplätzen der Gemeinde Grundlsee untersagt.Wie in fast allen Salzkammergutseen liegen auch im Grundlsee noch immer Waffen und Geräte aus dem 2. Weltkrieg. Sie dürfen nicht berührt und nicht geborgen werden. Archäologische Funde gehören der Republik Österreich und dürfen deshalb ebenfalls nicht geborgen werden. Funde sind der Gendarmerie zu melden.

BESONDERHEITEN/GEFAHREN: Achtung: Kriegsmaterial – nicht berühren oder bergen, sonst hohe Geldstrafen! Zu beachten ist auch die relativ hohe Lage und die das ganze Jahr über herrschende Kälte, die das Tauchen riskant machen können. Bei der Einmündung des Toplitzbaches hat das Wasser ganzjährig nur 4 ° C! Zur Zeit der Schneeschmelze verwandelt sich der Toplitzbach in ein tobendes Wildwasser. Achtung vor den Linienschiffen.

TAUCHSCHULEN, FÜLLSTATIONEN, TAUCHINFOS: In der Gemeinde Grundlsee gibt es keine Tauchschule, aber im Gasthaus „Rostiger Anker" in Gößl, Gemeinde Grundlsee, ist ein fixer Tauchertreff. Die Freiwillige Feuerwehr Gößl betreibt einen Fülldienst (Näheres in einem Schaukasten bei der Füllstation am hintersten Ende des Sees) ● Tauch- und Freizeitzentrum Hallstätter See, Robert und Karin Funk, Tauchschule, Tauchbasis, Tauchgeräteverleih, Flaschenfüllstation, Gasthof „Zum alten Forsthaus", ganzjährig geöffnet, Gosauzwang 7, A-4823 Steeg, Tel.: 06134/83 72, Fax: 06134/83 72-4 ● 1. Alpine Tauch- und Schischule Zauner, Tauchclub Salzkammergut, Gerhard Zauner, Tauchschule, Tauchbasis, Tauchgeräteverleih, Flaschenfüllstation, Tauchergasthof „Hallberg-Zauner", ganzjährig geöffnet, Markt 113, A-4830 Hallstatt, Tel.: 06134/82 86, Fax: 06134/82 86-5

ARZT: Am Grundlsee direkt gibt es keinen Arzt. Die nächsten Ärzte findet man im 5 km entfernten Bad Aussee: ● Dr. Thomas Fitz, Hauptstr. 145, A-8990 Bad Aussee, Tel.: 03622/545 53 ● Dr. Karl Kranawetter, Chlumeckypplatz 2, A-8990 Bad Aussee, Tel.: 03622/524 11 ● Dr. Detlef Mager, Bahnhofstr. 103, A-8990 Bad Aussee, Tel.: 03622/533 03 ● Dr. Karin Schaffer, Chlumeckypplatz 58, A-8990 Bad Aussee, Tel.: 03622/533 68. *In Notfällen ist der Taucheinsatzleiter,* Tel.: 03622/86 71 oder Notruf 122 *zu verständigen,* der weitere Maßnahmen veranlaßt. Die nächsten *Dekokammern* sind in München und Graz.

SONSTIGE FREIZEITAKTIVITÄTEN: Schwimmen, Segelschule, Tennis, Reitzentrum, Fahrradverleih, Drei-Seen-Tour (Grundl-, Toplitz- und Kammersee), Schiffsrundfahrten

KULTURANGEBOTE: Kreuzkapelle von 1648, (älteste Wegkreuzkapelle des stei-

rischen Salzkammergutes), Via Artis: Wanderweg, auf dem man die Wohnstätten von Berühmtheiten besuchen kann (z.B. Sigmund Freud, Hermann Broch, Erzherzog Johann), Gehzeit ca. 3 Stunden; Erzherzog-Johann- und Anna-Plochl-Gedenkstein von 1819 am Toplitzsee; Erzherzog-Johann-Stüberl im Gasthof Ladner, Grundlsee, im Originalzustand von 1799; Ranftlmühle von 1760; größte (ausgestopfte) Seeforelle Europas im Gemeindeamt von Grundlsee: 26 kg!

TOURISTENINFO: •Fremdenverkehrsbüro Grundlsee, A-8993 Grundlsee, Tel.: 03622/86 66, Fax: 03622/86 80

ZUFAHRT: Von Westösterreich und der BRD auf der A1 bis zum Knoten Voral-penkreuz, auf der Pyhrnautobahn A9 (mautpflichtig) Richtung Graz bis zur Abfahrt St. Michael. Dann Schnellstraße S6 bis Bruck/Mur, abzweigen auf die B116 Richtung Berndorf. Von Berndorf weiter nach Tragöß. Von Südöster-reich: ab Graz auf der S35 nach Bruck/Mur, weiter wie oben; von Ostöster-reich (Raum Wien) auf der A2 nach Wiener Neustadt auf die S6 abzweigen bis Bruck/Mur, weiter wie oben.

ALLGEMEINE BESCHREIBUNG: Der Grüner See hat seinen Namen von seinem smaragdgrünen, kristallklaren Wasser. Am Fuße des Hochschwabmassivs gelegen und eingebettet in dichten Nadelwald, entfaltet dieser See seine volle Pracht vom Mai bis in den Spätsommer. Mit dem Einsetzen der Schnee-schmelze wird dieser See nicht trüb, sondern füllt sich mit glasklarem Quell-wasser. Die maximale Temperatur beträgt 8 bis 4 °C – ein Trockentauchanzug ist hier nicht fehl am Platz. Die Kälte tut der Sicht gut: der See ist bis zum

Grund sehr hell. Die Sichtweite beträgt bis zu traumhaften 40 m. Man sollte sich vom Grund fernhalten, um nicht die feinen Kalksedimente aufzuwirbeln, die mit dem Schmelzwasser aus dem Hochschwab geschwemmt werden. Das gesamte Gebiet steht unter Naturschutz!

BESTE TAUCHZEITEN: Betauchbar ist der Grüner See nur bis zum Ende der Schneeschmelze, also in den Monaten Mai und Juni. Danach trocknet er langsam aus.

FISCHE: Bach-, See- und Regenbogenforellen.

PFLANZEN: Wegen der niedrigen Temperatur ist der See nährstoffarm und weist nur spärliche UW-Flora auf.

TAUCHGEBIETE: Eigentlich überall, besonders aber am hinteren Teil des Sees. Man kann direkt mit dem Auto zufahren, sollte aber aus umweltschützerischen Überlegungen ausschließlich am Anfang des Sees beim Gasthof Seehof parken, wo ebenfalls eine gute Einstiegsmöglichkeit ist. Bedenken Sie, daß die ganze Gegend unter Naturschutz steht. Nur Umweltrowdies fahren mit ihrem Auto weiter zur großen Wiese am hinteren Teil des Sees, anstatt ihre Ausrüstung die paar hundert Meter dorthin zu tragen. Derartige Praktiken sind nicht nur

abzulehnen, sondern tragen dazu bei, daß das bereits angedrohte totale Tauchverbot dort auch tatsächlich verhängt wird und so dieses Mekka der Makrofotografie für immer versperrt wird.

BESONDERS INTERESSANT: Klein- und Kleinstlebewesen, wie z.B. Schlammschnecken, Wasserflöhe, Hüpferlinge, winzige Krebse sowie Larven von Steinoder Köcherfliegen, sind reizvolle Motive für den Makrofotografen. Tolle Motive bieten sich auch nach besonders ergiebigen Schneeschmelzen, wenn ufernahe Wege und Rastbänke überflutet sind.

TAUCHVERBOTE/SCHUTZZONEN: (Noch) keine Beschränkungen

BESONDERHEITEN/GEFAHREN: Zu beachten ist die ganzjährig herrschende Kälte des Sees.

EXTRA-INFO: Dem Fremdenverkehrsgewerbe in Tragöß scheint es so gut zu gehen, daß der lokale Tourismusverband es sich leisten kann, Taucher als Gäste generell abzulehnen. Auf Anfrage wurde von einem Herrn Holzer am Telefon dezidiert mitgeteilt, daß Tragöß keine Taucher wolle.

TAUCHSCHULEN, FÜLLSTATIONEN, TAUCHINFOS: Die nächste Tauchschule, Tauchbasis und Füllstation befindet sich in Leoben: • Fa. Tauchprofi, Karl Reiter, Turmgasse 78, A-8700 Leoben, Tel.: und Fax: 03842/240 54, Mobil-Tel.: 0663/03 50 27

ARZT: ● Dr. Karl Hirtzi, A-8612 Tragöß-Oberort, Tel.: 03868/367, in dringenden Fällen auch: 03869/22 72. Die nächste *Dekokammer* ist in Graz.

SONSTIGE FREIZEITAKTIVITÄTEN: Idealer Sommerfrischeort! Wandern, Angeln (aber nur Ruten mit Schonhaken, Lizenz im Ort beim Tourismusverband Tragöß, im Gasthof Seehof oder in der Pension Am Grünen See erhältlich), Hallenbad mit Liegewiese. Der Freizeitsee Zenz in Tragöß ist ein ideales Gewässer für Schwimmer und Surfer (Surfbrettverleih am Zenzer See), außerdem kann man dort Tret- und Schlauchboote leihen. Für den Zenzer Freizeitsee gibt es geringe Eintrittsgebühren (Tageskarte öS 35,– für Erwachsene, öS 25,– für Kinder); Minigolf, Fahrradverleih, Tennis, Radwanderweg.

KULTURANGEBOTE: Heimatmuseum, Konzerte der örtlichen Vereine, Dia-Vorträge

TOURISTENINFO: ● Tourismusverband Tragöß-Grüner See, A-8612 Tragöß/ Steiermark, Tel. und Fax: 03868/340

GRÜNSEE

Staumauer

Fläche:
31.000 m²
Seehöhe:
1250 m
Größte Tiefe:
9 m
Länge:
320 m

= Tauchverbot

E = Einstieg

ZUFAHRT: Aus der BRD: München-Kufstein-Kitzbühel-Mittersill, weiter auf der Felbertauernstraße nach Lienz, Oberdrauburg, dann über den Gailbergsattel nach Kötschach-Mauthen oder über Salzburg auf der Tauernautobahn A10 bis Abfahrt Spittal, dann nach Oberdrauburg und weiter wie oben; von Ostösterreich auf der A2 bis zum Knoten Villach, dann auf die Tauernautobahn A10 (Richtung Spittal) wechseln und bei der Abfahrt Spittal die Autobahn verlassen, dann wie oben.

ALLGEMEINE BESCHREIBUNG: Der Grünsee ist ein Stausee, der aber einem Natursee zum Verwechseln ähnlich sieht. Er liegt in einem Naturschutzgebiet mitten in einer lieblichen Almlandschaft. Sein Wasser ist smaragdgrün, sehr klar und bietet eine große Tiefensicht. Im Sommer kann er bis zu 23°C warm werden. Eine direkte Zufahrt mit dem Auto ist nicht möglich. Das Auto bleibt auf dem Parkplatz Plöckenhaus zurück. Von dort geht man zehn Minuten zum See. See-Eigentümer ist das Naturabenteuer-Hotel Post in Kötschach. Benützung des Sees nur für Gäste des Hotel Post und des Plöckenhauses. Tauchen ist aber grundsätzlich erlaubt.

BESTE TAUCHZEITEN: Vor der Schneeschmelze und dann wieder im Herbst

FISCHE: Bachforelle, Saibling

PFLANZEN: Kein erwähnenswerter Bewuchs

TAUCHGEBIETE: Einstieg vom abgezäunten Bereich der Aqua-Sol-Anlage

BESONDERS INTERESSANT: Unter dem Wasserfall stehen meist zahlreiche kapitale Fische, gute Tauchplätze auch an den 100 m über das Wasser aufragenden steilen Felswänden.

TAUCHVERBOTE/SCHUTZZONEN: Tauchen ist grundsätzlich erlaubt, man muß sich aber unbedingt an der Rezeption im Hotel Post in Kötschach anmelden. Dort bezahlt man öS 200,– pro Tag und Taucher. Für Anfragen: Tel.: 04715/221 oder Fax: 04715/222-53 oder -59. Die natürlichen Uferzonen sind mit zahllosen Blumen und seltenen Pflanzen bedeckt – bleiben Sie diesen geschützten Zonen fern! Achtung: Sperrzone vor der Staumauer, bei der man weder Boot fahren noch tauchen darf. Meiden Sie auch die Laichschonplätze in der Nordostecke des Sees (siehe Skizze).

BESONDERHEITEN/GEFAHREN: Halten Sie sich von etwaigen Anglern fern und nehmen Sie Rücksicht auf Schwimmer. Vorsicht auch vor Seglern und Surfern. Beim Verlassen der Anlage sind Hütte und Eingangstor abzusperren. Der Umwelt zuliebe: Alle Abfälle sind wieder ins Tal hinaus mitzunehmen!

TAUCHSCHULEN, FÜLLSTATIONEN, TAUCHINFOS: Die nächsten sind am Weißensee und in Villach (80 km), Füllmöglichkeit in Kötschach bei der Feuerwehr.

ARZT: • Dr. Hans Lauchart, 9640 Kötschach 444, Tel.: 04715/640. Die nächste *Dekokammer* befindet sich in Graz.

SONSTIGE FREIZEITAKTIVITÄTEN: Rafting, Kajakkurse, Hydrospeed, Familien-Flußbootwandern; für Kinder und Jugendliche: Aqua-Sol-Abenteuer, u.a. Forschertag (Naturwissen für die Jugend, Fossiliensuche, Botanik und Geologie), Winnetou-Land mit Indianerdorf und Insel im See, Tenniskurse, Reitschule, Schnorchelkurse, Ballonfahren, Survivaltraining, Angeln, Fliegenfischen, Tennis, Minigolf, Mountainbiking, Wandern, Radfahren; Kötschach ist ein Kurort mit einem großen Angebot an verschiedensten Kuren.

KULTURANGEBOTE: Gailtaler Dom in Kötschach-Mauthen (spätgotische, dreischiffige Hallenkirche), Friedensmuseum in Kötschach-Mauthen, Wanderbesichtigung der völlig restaurierten Stellungen auf dem Plöckenpaß aus dem 1. Weltkrieg (mit Stollensystemen und Bunkern), Geo-Trail zurück zu 500 Mio. Jahren Erdgeschichte (geführt), Schaukraftwerk Hydrosolar (Präsentation alternativer Energien) am Valentinsee

TOURISTENINFO: • Kurverwaltung und Verkehrsverein Köttschach-Mauthen, A-9640 Kötschach-Mauthen, Tel.: 04715/85 16, Fax: 04715/85 13-30

HALLSTÄTTER SEE

Steeg

Fläche:
8,58 km²
Seehöhe:
508 m
Größte Tiefe:
125 m
Länge/Breite:
8 km/2 km

Gosauzwang

Hallstatt

= Tauchverbot
T = Tauchschule
E = Einstieg
F = Füllstation

Obertraun

Kessel

ZUFAHRT: Von Westösterreich und der BRD über Salzburg auf der Westautobahn A1 bis Abfahrt Mondsee, weiter auf der B154 bis St. Gilgen, dann auf der
B158 bis Bad Ischl, anschließend auf der B145 bis Bad Goisern und schließlich
auf der B166 Richtung Steeg-Hallstatt-Obertraun; von Ostösterreich auf der
Westautobahn A 1 bis Abfahrt Regau, dann auf der B145 über Gmunden entlang
des Traunsees nach Bad Ischl und weiter wie oben; von Graz auf der Pyhrnautobahn A9, beim Knoten Selzthal Richtung Liezen abfahren, weiter auf der
B146 nach Steinach-Irdning und dann auf der Salzkammergutbundesstraße
B145 über Bad Aussee bis knapp vor Bad Goisern, dann auf der B 166 wie oben.
ALLGEMEINE BESCHREIBUNG: Der von steil ins Wasser abfallenden Hängen
umrahmte Hallstätter See liegt mitten im Salzkammergut, in einem der ältesten

Siedlungsgebiete Europas. Seine Ufer wurden bereits vor 5.000 Jahren besiedelt. Die Illyer und die Kelten förderten schon vor ca. 4.500 Jahren den größten Schatz der Gegend, das Salz. Am Anfang des 8. Jh. v. Chr. nahm in Hallstatt die Kultur der älteren Eisenzeit, die sog. Hallstattzeit (800–400 v. Chr.) ihren Anfang. Sie bedeutete den Übergang von der Bronzezeit in das Zeitalter der Eisengegenstände und zeichnete sich durch einen hohen wirtschaftlichen Wohlstand, technischen Fortschritt und einen feinen Kunstsinn aus, wie es die archäologischen Funde beweisen. Taucherisch ist der Hallstätter See sicherlich einer der interessantesten aller Salzkammergutseen. Wie alle Seen des Salzkammergutes hat auch der Hallstätter See ein sehr klares und sauberes Wasser. Es erwärmt sich nur im Hochsommer auf maximal 23 °C, und das nur an der Oberfläche. Somit zählt er zu den eher kühleren Seen. Im Winter friert er vollständig zu. Viele Eistaucher wissen das zu schätzen. Die örtlichen Tauchschulen haben dafür spezielle Angebote. Dieser See ist auch besonders fischreich. Hier werden u.a. die größten Hechte des gesamten Salzkammergutes gefangen – ca. 1,5 m lang und 15–20 kg schwer!

BESTE TAUCHZEITEN: Die Schneeschmelze im Frühjahr und Frühsommer sowie starke Regenfälle verursachen eine starke Trübung des Hallstätter Sees, sonst ist dieses Gewässer zu allen Jahreszeiten ein wahres Paradies für Taucher. Im Quellbereich beträgt die Sichtweite mitunter 20 m. Die Tiefensicht beträgt durchschnittlich 8 m, in Spitzenzeiten bis zu 14 m.

FISCHE: Rotauge, Seesaibling, Aitel, Grope, Reinanke (eher im Freiwasser), Äsche, Aalrutte, Hecht (große Exemplare nur im tieferen Freiwasser), seltener: Flußbarsch, Seeforelle, Bachforelle, Regenbogenforelle, verschiedene Weißfischarten

PFLANZEN: Guter Bewuchs, teilweise sogar üppig; viele Algenwiesen und Bäume, besonders am Ostufer.

TAUCHGEBIETE: Mit dem Seebesitzer Bundesforste wurden sechs Tauchzonen festgelegt, die exakt einzuhalten sind. „Gosauzwang": von den sogenannten „Öfen" südwärts bis zur Einmündung des Gosaubaches in den See, tagsüber von 8-19 Uhr, keine Nachttauchgänge erlaubt; „Hundsort": vom Hoislfeld etwa 300 m in südlicher Richtung bis zum „Hundsort", von 1.5.-30.9. Tag und Nacht erlaubt; „Hallstatt": von der Einmündung des Wildbaches in den See südwärts bis zum Südende der Badeinsel Hallstatt, ganzjährig Tag und Nacht; „Freizeitanlage Kessel": vom Kesselträunl bis zum Totenbachl, Uferlänge ca. 300 m, ganzjährig Tag und Nacht; „Obertraun": von der Einmündung des Wasenbaches in den See bis zur Edlingerhütte, Uferlänge ca. 500 m, ganzjährig erlaubt, aber nur von 8-19 Uhr; „Letten" oder „Untersee": von der Einmündung des Zlambaches in den See bis zum Ruderbrunnwald bzw. Rotengraben, Uferlänge 450 m, vom 1.7.-30.9. nur von 8-19 Uhr erlaubt. In den übrigen Zonen ist das Tauchen zum Schutz der Pfahlbauten und der Laichschonstätten strengstens verboten. Bei Nichtbeachtung drohen Geldstrafen bis öS 30.000. Eistauchen darf nur zusammen mit den beiden am Hallstätter See offiziell zugelassenen Tauchbasen ausgeübt werden.

BESONDERS INTERESSANT: Die Freizeitanlage Kessel bietet alles, was Menschen im Laufe der Jahrhunderte in einem See zu versenken vermögen – von Geschirr über Fahrräder bis zu Leiterwagen. Bei Gosaumühle-Gosauzwang, wo auch ein Campingplatz ist, stehen in den dichten Algenmatten besonders viele Aalrutten. Im südöstlichen Bereich Steilwände. Unter den diversen Bootshütten von Hallstatt hat sich eine sehenswerte Makrowelt angesiedelt, die ein Eldorado für Makrofotografen darstellt. Da gibt es Süßwasserpolypen, Süßwasserschwämme, Wasserschnecken u.v.m.

TAUCHVERBOTE/SCHUTZZONEN: Die Sperrzonen (siehe Skizze) sind unbedingt einzuhalten! Ganz besonders streng ist – im Gegensatz zu anderen Berichten – das Tauchverbot vom Nordportal der Tunnelumfahrung von Hallstatt in südlicher Richtung bis zur Einmündung des Waldbaches. Als Voraussetzung für die Taucherlaubnis wird grundsätzlich eine TSVÖ-Mitgliedschaft oder die Anmeldung bei einer der beiden Tauchschulen vor Ort verlangt. Achtung: Auch im Hallstätter See liegt noch ziemlich viel Kriegsmaterial herum, sogar im Bereich der Badeinsel von Hallstatt. Eine Bergung derartiger Gegenstände ist – bei Strafe von öS 5.000 bis öS 30.000! – ebenso verboten wie das Mitnehmen eventueller archäologischer Funde. Alle Funde sind unbedingt bei der Gendarmerie zu melden!

BESONDERHEITEN/GEFAHREN: Besondere Vorsicht vor den Linienschiffen und Elektrobooten. Schon ab etwa 10 m Tiefe wird das Wasser ziemlich kalt. Zusammen mit der doch beachtlichen Tiefe des Sees stellt das eine für Anfänger nicht ungefährliche Kombination dar. Anfänger sollten sich deshalb eher auf die flacheren, nicht minder interessanten Zonen beschränken.

TAUCHSCHULEN, FÜLLSTATIONEN, TAUCHINFOS: • Tauch- und Freizeitzentrum Hallstätter See, Robert und Karin Funk, Tauchschule, Tauchbasis, Tauchgeräteverleih, Flaschenfüllstation, Gasthof „Zum alten Forsthaus", ganzjährig geöffnet, Gosauzwang 7, A-4823 Steeg, Tel.: 06134/83 72, Fax: 06134/83 72-4 • 1. Alpine Tauch- und Schischule Zauner, Tauchclub Salzkammergut, Gerhard Zauner, Tauchschule, Tauchbasis, Tauchgeräteverleih, Flaschenfüllstation, Tauchergasthof „Hallberg-Zauner", ganzjährig geöffnet, Markt 113, A-4830 Hallstatt, Tel.: 06134/82 86, Fax: 06134/82 86-5

ARZT: in 4831 Obertraun, Tel.: 06131/355, es wurden keine sonstigen Angaben an die Redaktion übermittelt. Die nächste *Dekokammer* in Innsbruck.

SONSTIGE FREIZEITAKTIVITÄTEN: Schwimmen, Paddelschule in Bad Goisern, Wildwasserpaddeln auf der Traun, Rafting (in der Koppentraun von Bad Aussee nach Obertraun, ca. 10 km), Bootsverleih (Ruder-, Tret- und Elektroboote in Hallstatt und Obertraun), Linienschiffe, Angeln (Lizenz erforderlich), Ten-

nis, Golf (Bad Ischl, ca. 25 km), Minigolf (Hallstatt), Drachenfliegen, Paragleiten (vom Krippenstein), Kleinkalibergewehrschießen mit Gästebeteiligung
im Echerntal (Juli und August Sommerpause), Radtouren, Wandern (Ostufer-
wanderweg mit botanischem Lehrpfad), Klettern (auch Kurse), Doppelsesselbahn auf den Predigtstuhl (Bad Goisern), Schilanglauf, alpiner Schilauf

KULTURANGEBOTE: Prähistorisches Museum in Hallstatt (äußerst sehenswert!), archäologische Ausgrabungen aus der Kelten- und Römerzeit, Salzbergwerk Hallstatt, Pfarrkirche und Beinhaus in Hallstatt, Besichtigung einer
kleinen Instrumentenbau-Werkstatt für Streich- und Zupfinstrumente, Wasserfälle im Echerntal, Dachsteinbahn, Dachstein-Rieseneishöhle, Dachstein-
Mammuthöhle, Koppenbrüller-Höhle, Höhlenmuseum in Obertraun, Heimat-
und Landlermuseum, in Bad Goisern, Holzknechtmuseum, Freilichtmuseum
Anzenaumühle in Bad Goisern, Chorinsky-Klause, eine historische Holzdrift-
anlage aus der Kaiserzeit, Klausschlagen, Kaiservilla und Kaiserpark, Lehárvil-
la und Salzbergwerk in Bad Ischl

TOURISTENINFO: • Tourismusverband Hallstatt, A-4830 Hallstatt, Tel.:
06134/82 08, Fax: 06134/83 52 • Tourismusverband Obertraun/Dachstein, A-4831
Obertraun, Tel.: 06131/83 51, Fax: 06131/83 42-22 • Kurverwaltung Bad Goisern,
A-4822 Bad Goisern, Tel.: 06135/83 29, Fax: 06135/72 01

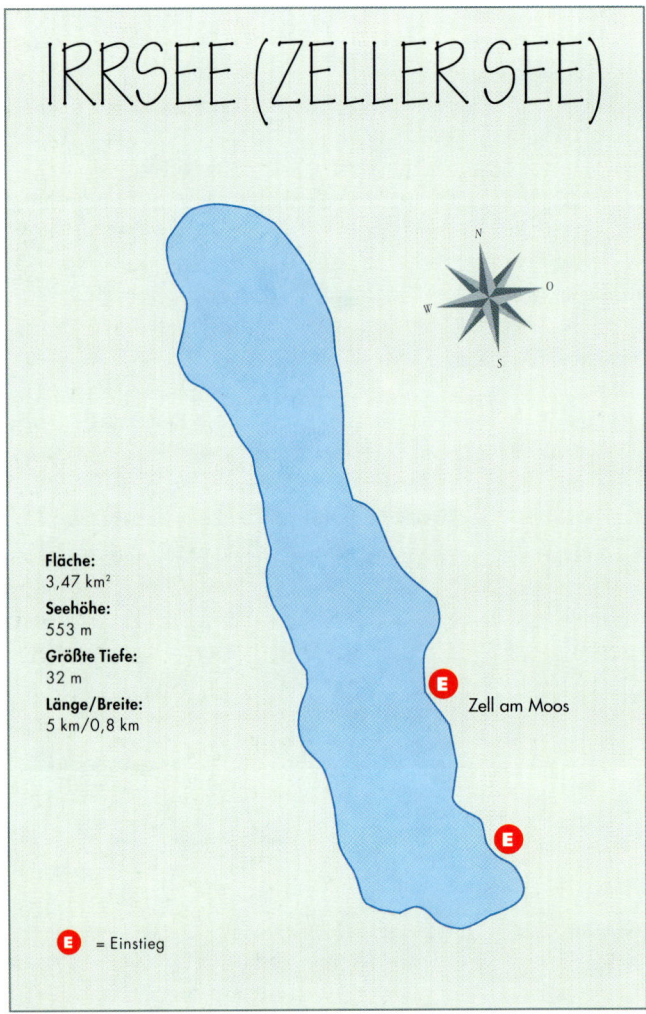

IRRSEE (ZELLER SEE)

Fläche:
3,47 km²

Seehöhe:
553 m

Größte Tiefe:
32 m

Länge/Breite:
5 km/0,8 km

Zell am Moos

E = Einstieg

ZUFAHRT: Von Westösterreich und der BRD: über Salzburg auf der Westauto-
bahn A1 bis Abfahrt Mondsee, nach nur 4 km kommt man auf der B154 nach
Zell am Moos; von Ostösterreich auf der Westautobahn A1 auch bis Abfahrt
Mondsee, dann weiter wie oben; von Graz auf der Tauernautobahn A10 oder
auf der Pyhrnautobahn A9 Generalrichtung Salzburg, dann auf der A1 bis zur
Abfahrt Mondsee und weiter wie oben.

ALLGEMEINE BESCHREIBUNG: Der vollkommen unter Naturschutz stehende
Irrsee – auch Zeller See genannt – ist der wärmste See des Salzkammergutes.
Er wird sagenhafte 27˚C warm! Die Ufer sind vollkommen unverbaut und

naturbelassen. Da der Irrsee ein Moorsee ist, sind die Sichtweiten nicht gerade berühmt. Dafür ist dieser in Privatbesitz befindliche See aber sehr fischreich.

BESTE TAUCHZEITEN: Im Herbst: da beträgt die horizontale Sicht immerhin 3 m, sonst liegt die Sichtweite bei höchstens einem Meter.

FISCHE: Hecht, Forelle, Weißfisch, Frösche, Molche, Salamander, Unken

PFLANZEN: Aufgrund des Moorbodens kein Bewuchs

TAUCHGEBIETE: Sind mit den See-Eigentümern abzuklären

BESONDERS INTERESSANT: Im Irrsee erreichen viele Fische riesige Ausmaße, besonders Hechte und Forellen bringen es zu stattlichen Größen.

TAUCHVERBOTE/SCHUTZZONEN: Der See befindet sich im Privatbesitz des Konsortiums Zellersee bzw. des Sportanglerbundes Vöcklabruck. Laut Auskunft des Tourismusverbandes Zell am Moos stehen die Eigentümer dem Tauchsport als Massenbetrieb ablehnend gegenüber. Einzelgenehmigungen werden jedoch auf Anfrage erteilt. Für diese Einzelgenehmigungen zuständig: Manfred Huber, Obmann des Konsortiums, Feldgasse 8, A-4840 Vöcklabruck. Anfragen um Tauchgenehmigungen sind rechtzeitig schriftlich an Herrn Huber zu richten. Falls eine Tauchgenehmigung erteilt wird, werden auch die Schutzzonen mitgeteilt.

BESONDERHEITEN/GEFAHREN: Vorsicht vor Segelbooten und Surfern. Richtiges Austarieren ist hier besonders wichtig, da sonst der gesamte Grund aufgewühlt wird. Ratsam ist die Mitnahme einer UW-Lampe auch bei Tag.

TAUCHSCHULEN, FÜLLSTATIONEN, TAUCHINFOS: Weil nur in vereinzelten Fällen Tauchgenehmigungen erteilt werden, fehlt jegliche taucherische Infrastruktur. Die nächste Tauchschule mit Shop und Füllstation findet man am Mondsee.

ARZT: Über Ärzte vor Ort wurden der Redaktion keine Angaben übermittelt. Die nächste *Dekokammer* ist in Innsbruck.

SONSTIGE FREIZEITAKTIVITÄTEN: Schwimmen, Segeln, Surfen (nur von Anfang Juni bis Mitte September von 9–18 Uhr), Bootsverleih (nur Ruderboote), Angeln (Lizenz erforderlich), Tennis, Golf, Minigolf, Reiten, Fahrradverleih, Radwandern, Wandern, Kutschenfahrten

KULTURANGEBOTE: Kolomannskirche: (älteste Holzkirche Österreichs von 1744 auf dem Kolomannsberg), spätgotische, aber teilweise barockisierte Pfarrkirche Zell am Moos (erstmals 1107 urkundlich erwähnt), Heimatmuseum Hans Mairhofer-Irrsee (bildende Kunst und bäuerliches Wohnen), Prähistorisches Museum in Hallstatt (äußerst sehenswert!) – Hallstatt liegt nur 60 km entfernt, archäologische Ausgrabungen aus der Kelten- und Römerzeit, Salzbergwerk Hallstatt, Pfarrkirche und Beinhaus in Hallstatt, Mozartstadt Salzburg (nur ca. 30 km)

TOURISTENINFO: • Tourismusverband Zell am Moos, A-4893 Zell/Moos, Tel.: 06234/215, Fax: 06234/71 71

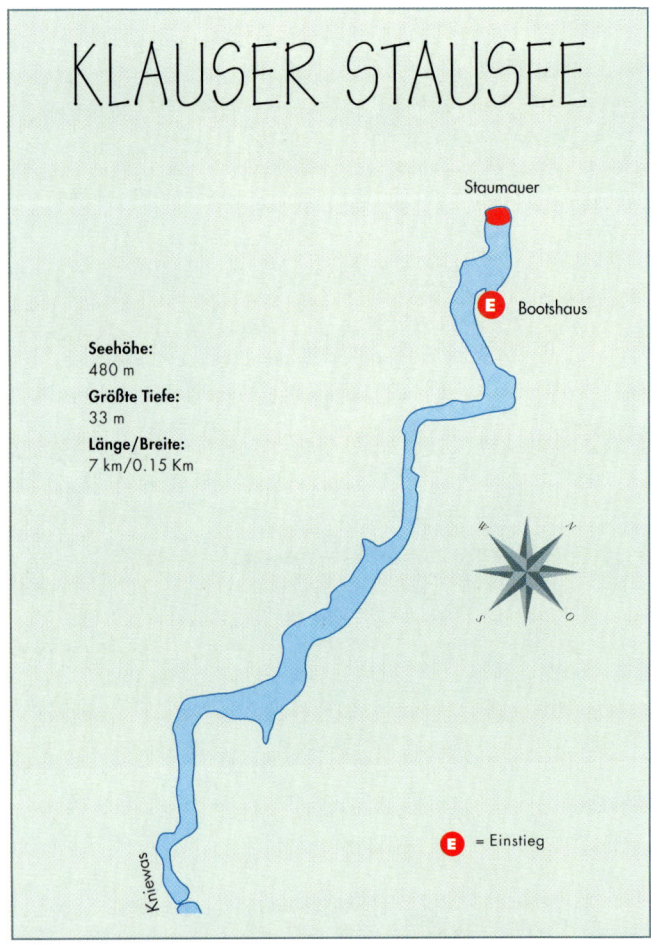

ZUFAHRT: Von Westösterreich und der BRD über die Autobahn A1 bis zum Voralpenkreuz, dort auf die Pyhrnautobahn A9 bis Kirchdorf, weiter auf der B138 bis Klaus; von Ostösterreich über die A1 bis Enns, dort auf die B337 über Steyr bis zur Abzweigung auf die Landesstraße 140 Richtung Klaus, bei Frauenstein auf die B138 nach Klaus; aus dem Raum Graz über die A9 bis Windischgarsten und von dort auf der B138 bis Klaus; aus Kärnten auf der B74 bis Feldkirchen, dort auf die B95 bis Murau, dort auf die B96 Richtung Judenburg, kurz vor Judenburg in St. Georgen o.J. auf die B114A wechseln und weiter auf der B114 Richtung Trieben (21 % Steigung!), in Trieben auf die Pyhrnautobahn A9 auffahren und weiter bis Windischgarsten, schließlich auf der B138 bis Klaus.

ALLGEMEINE BESCHREIBUNG: Der Klauser Stausee liegt am Fuße des Sengsengebirges inmitten einer wunderbaren Naturlandschaft und ist ein recht interessantes Tauchgewässer, das im Sommer und vor allem im Herbst gute Sicht bietet – vorausgesetzt, es hat längere Zeit nicht geregnet. Allerdings bleibt der See immer recht kühl. Selbst im Hochsommer wird der Klauser Stausee nicht wärmer als 20 °C, wobei schon wenige Meter unter der Oberfläche eine deutliche Abkühlung zu spüren ist, weil dort die Steyr durchzieht. Der Klauser Stausee zählt zu den fischreichen Gewässern. Es gibt dort vor allem Prachtexemplare von Forellen, die – man glaubt, vor Monstern zu schwimmen – einen Meter lang werden können.

BESTE TAUCHZEITEN: Die besten Sichtweiten (etwa 5–7 m) vor allem im Herbst, aber auch im Sommer, wenn es längere Zeit nicht geregnet hat. Schlechte Sicht also nach Regenfällen und während der Schneeschmelze, die sich bis in den Sommer hineinzieht. Im Winter friert der Klauser Stausee zu, dann ist kein Tauchen möglich.

FISCHE: Sehr fischreich, Bachforelle, Regenbogenforelle, Hecht, Weißfisch

PFLANZEN: Praktisch überall Grasboden, es handelt sich um eine ehemalige Alm, die Bäume stehen noch, hochinteressant!

TAUCHGEBIETE: Der gesamte See ist betauchbar, allerdings sollte man sich von der Stauanlage fernhalten. Ein Einstieg ist beim Bootshaus, eventuell kann man auch mit dem Ruderboot nach hinten fahren.

BESONDERS INTERESSANT: Das Ende des Stausees beim Badesee Kniewas, ein wirklich schönes Tauchgebiet. Sehr interessant ist auch folgende Kombination: Zuerst ein Tauchgang im Elisabethsee, einer stark bewachsenen ehemaligen Kiesgrube mit schlechter Sicht, bestens geeignet für Anfänger, die Orientierungstauchen lernen wollen. Nach den Übungen sollte man sich gemütlich in den Klauser Stausee hinuntertreiben lassen – ein unvergeßliches Erlebnis!

TAUCHVERBOTE/SCHUTZZONEN: Striktes Tauchverbot in der Nähe der Staumauer.

BESONDERHEITEN/GEFAHREN: Wie in allen Stauseen droht auch im Klauser Stausee in der Nähe der Staumauer und der Auslaßbauwerke höchste Gefahr für Taucher.

TAUCHSCHULEN, FÜLLSTATIONEN, TAUCHINFOS: • Tauchschule Joe Krondorfer, Pratsdorf 122, A-4643 Pettenbach, Tel. und Fax: 07586/75 09

ARZT: • Krankenhaus Kirchdorf, Primarius Dr. Jörg Schmiedl verlangen, A-4560 Kirchdorf/Krems, Tel.: 07582/33 61-0. Die nächsten *Dekokammern* sind in Wien bzw. Graz.

SONSTIGE FREIZEITAKTIVITÄTEN: Schwimmen, Wandern, Rafting auf der Steyr, Radwandern, Mountainbiking

KULTURANGEBOTE: Wallfahrtskirche in Frauenstein, Burgruine Altpernstein, Zisterzienser-Abtei Schlierbach bei Kirchdorf, Steyr-Durchbruch, Österreichische Romantikstraße, Altstadt von Steyr, Benediktinerstift Kremsmünster (Tassilokelch!), Wallfahrtskirche Christkindl

TOURISTENINFO: • Fremdenverkehrsverband Klaus, A-4564 Klaus an der Pyhrnbahn, Tel.: 07585/255-0, Fax: 07585/261-52

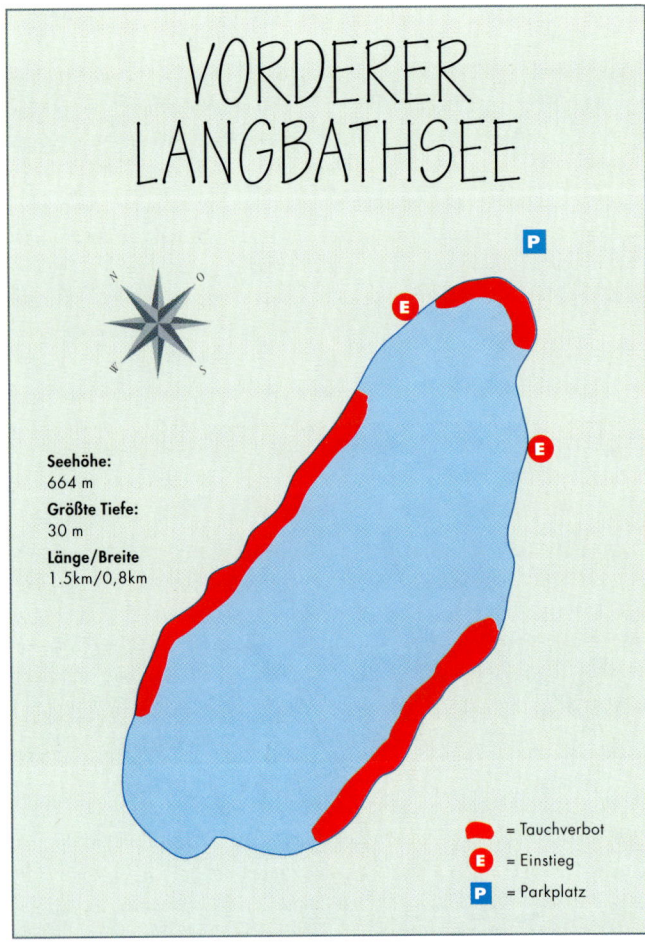

VORDERER LANGBATHSEE

Seehöhe:
664 m
Größte Tiefe:
30 m
Länge/Breite
1.5km/0,8km

= Tauchverbot

E = Einstieg

P = Parkplatz

ZUFAHRT: Von Westen: auf der A1 (Westautobahn) Richtung Linz bis Abfahrt Regau, dann auf der B145 nach Gmunden, weiter auf der B145 nach Ebensee, im Ort Wegweiser zum See; von Osten auf der A1 (Westautobahn) Richtung Salzburg bis Abfahrt Regau, weiter wie oben; aus der BRD: entweder über Salzburg auf der A1 Richtung Linz, weiter wie oben, oder über Passau und die A8 (Innkreisautobahn) bis Ort im Innkreis, abzweigen auf die B143 über Ried im Innkreis bis Vöcklabruck, dann auf der B145 über Unterregau nach Gmunden, weiter wie oben.

ALLGEMEINE BESCHREIBUNG: Der Vordere Langbathsee ist ein warmer Badesee. Im Sommer wird er bis zu 25°C warm, allerdings gibt es in 6–8 m Tiefe eine Sprungschicht, die auf empfindliche 8°C abkühlt. Er ist ein sehr romantisches

Gewässer mitten im Wald. Der Langbathsee ist mit reinem Quellwasser gefüllt, dementsprechend ist die Sicht ganz hervorragend: 10 m horizontal und bis zu 20 m vertikal! Der Hintere Langbathsee ist für die Allgemeinheit nicht zugänglich.

BESTE TAUCHZEITEN: In den Sommermonaten und im Herbst

FISCHE: Forelle, Elritze, Groppe, Saibling

PFLANZEN: Kein Bewuchs, aber schöne Bäume

TAUCHGEBIETE: Der Vordere Langbathsee sollte eher am vorderen Teil betaucht werden, dort ist die größte Tiefe etwa 20 m. Man kann beim Seehotel Kofler parken und findet in der Nähe auch einen guten Einstieg.

BESONDERS INTERESSANT: Die wundervolle Sicht, die besonders für UW-Fotografen reizvoll ist.

TAUCHVERBOTE/SCHUTZZONEN: Tauchen ist grundsätzlich erlaubt, aber weite Uferbereiche sind gesperrt (siehe Skizze). Gänzlich verboten ist der Hintere Langbathsee.

BESONDERHEITEN/GEFAHREN: Die Sprungschicht mit dem im Sommer extremen Temperaturunterschied sollte mental berücksichtigt werden.

TAUCHSCHULEN, FÜLLSTATIONEN, TAUCHINFOS: • Wassersportzentrum Ebensee, Füllstation, Tauchschule, Peter Gigl, Strandbadstr. 12, A-4802 Ebensee, Tel. und Fax: 06133/63 81, Mobil-Tel.: 0663/88 81 02 • Taucherhotel Traunsee, Tauchschule Peter Gigl, Füllstation, Tauchschule, Tauchbasis, Tauchgeräteverleih, Bootsfahrten zu den Tauchplätzen des Ostufers, A-4801 Traunkirchen, ganzjährig geöffnet, täglich von 10–20 Uhr, Tel.: 07617/22 16, Mobil-Tel.: 0663/88 81 02

ARZT: • Dr. Günther Junk, Tel.: 07617/22 50, Mobil-Tel.: 0663/917 82 39. Die nächste *Dekokammer* befindet sich in Graz.

SONSTIGE FREIZEITAKTIVITÄTEN: Schwimmen (Strandbäder in allen Orten, Hallenbad in Ebensee), Angeln, Schiffsführerkurs, Segeln, Surfen, Wasserschi (in allen Orten), Bootsverleih (Segel-, Ruder-, Tret- und Elektroboote), Privat-Motorboote erlaubt, Linien- und Rundfahrtschiffe der Traunseeflotte (Mitte Mai bis Ende September), Radtouren (Fahrradverleih), Mountainbiking, Wandern (100 km markierte Wanderwege, auch geführte Wanderungen), Bergsteigen, Flußwandern auf der Traun mit großen Schlauchbooten, Rafting, Reiten (in Altmünster und Ebensee, Araberpferde und Haflingergestüt), Tennis, Squash, Drachenfliegen, Minigolf, Gartenschach, Jagd (von Anfang August bis Ende Dezember, Jagderlaubnis bei der Forstverwaltung Ebensee), Kleinkalibergewehrschießen (von Anfang Mai bis Ende Oktober auf der Schießstätte Rindbach), Pferdekutschenfahrten, Fitneßcenter in Gmunden und Ebensee, Langlauf, alpiner Schilauf, Rodeln, Kunsteisbahn in Gmunden, diverse Kuren (Gmunden), Fahrt mit dem längsten Sessellift Europas auf die Tauplitzalm, Ausflug auf den Feuerkogel (von Ebensee mit der modernsten und schnellsten Seilbahn Österreichs)

KULTURANGEBOTE: Barocke Pfarrkirche von Traunkirchen mit berühmter holzgeschnitzter Fischerkanzel eines unbekannten Meisters aus dem Jahr 1753; Odinstein, heute Johannesberg, ein uralter Kultfelsen in der Ortsmitte von Traunkirchen, mit Kapelle, in der ein Knorpelwerksaltar und ein sehenswertes Gemälde eines niederländischen Manieristen stehten; älteste Kalvarienbergkapelle des Salzkammergutes (1699) in Traunkirchen; Fonleichnamsprozession auf dem See (seit 1632 jedes Jahr); Pfarrkirche Altmünster; Gmunden (Schloß Ort, Altstadt, Rathaus mit Keramikglockenspiel, Pfarrkirche mit Dreikönigsaltar von Th. Schwanthaler); Gmundner Keramikfabrik; Kammerhofmuseum (Gmunden); Heimathaus Ebensee (Museum); Besichtigung der Bleikristallschleiferei in Ebensee; Besichtigung der Solvay-Werke in Ebensee; Gassel-Tropfsteinhöhle bei Ebensee (1. Mai bis 15. September); Rindbachwasserfall; Ausflug nach Bad Ischl (mit Kaiservilla, der Sommerresidenz Kaiser Franz Josefs I., Salzbergwerk); Ausflug zur Burggrabenklamm (schöner Wasserfall); Dachstein-Eishöhlen und Mammuthöhlen (erreichbar mit Dachsteinbahn von Obertraun/Hallstätter See); Hallstatt mit prähistorischem Museum, barockem Beinhaus und Erlebnis-Salzbergwerk; Mondsee mit Basilika und Pfahlbaumuseum; St. Wolfgang berühmter Wallfahrtsort mit gotischer Hallenkirche und Pacheraltar, Pilgerbrunnen und Schmerzensmann, Hotel „Weißes Rössl"; Stift Kremsmünster (777 gegründet, mit dem berühmten Tassilokelch; Mozartstadt Salzburg

TOURISTENINFO: • Tourismusbüro Ebensee, A-4802 Ebensee, Tel.: 06133/ 80 16, Fax: 06133/56 24

Motorrad
magazin

Jetzt probieren und ein T-Shirt kassieren

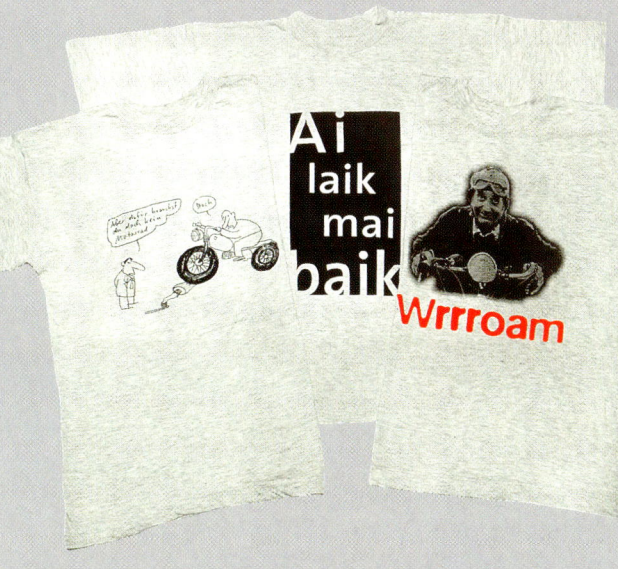

3x Motorradmagazin + 1 T-Shirt um nur

öS 99,–

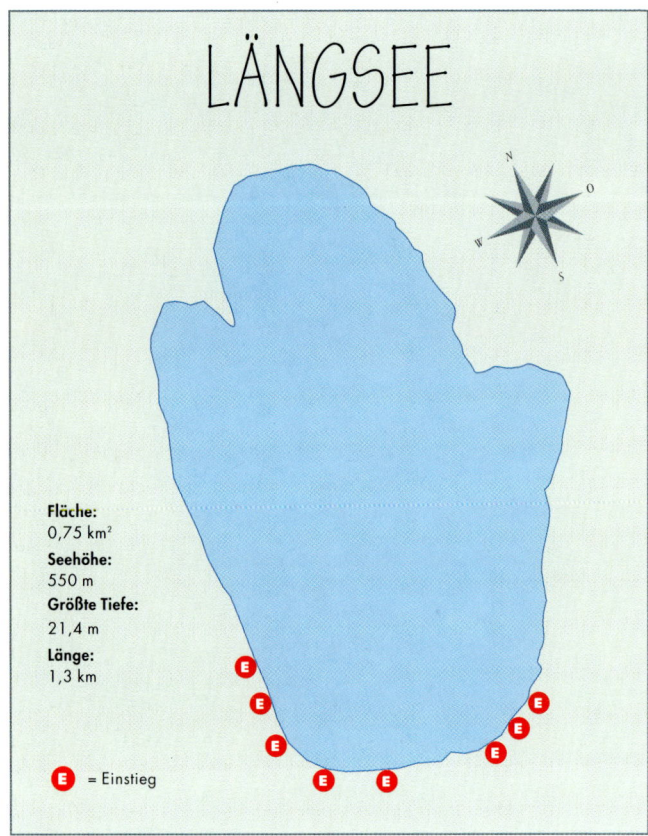

ZUFAHRT: Von Westösterreich und der BRD über die Tauernautobahn A10 bis Knoten Villach, weiter auf der A2 bis Klagenfurt und dann auf der B83 in Richtung St. Veit an der Glan, rechts auf die B82 abbiegen und dann auf der Landstraße nach St. Georgen am Längsee abfahren; von Ostösterreich auf der A2 bis Abzweigung Semmering Schnellstraße S6, auf der S6 und anschließend auf der S36 bis Judenburg, weiter auf der Bundesstraße B96 bis Scheifling, weiter auf der B83 bis zur Höhe Bernaich (links von der B83), dort auf die Landstraße Richtung St. Georgen am Längsee abfahren.

ALLGEMEINE BESCHREIBUNG: Ein kleiner, warmer, ganzjährig betauchbarer See (Wassertemperatur im Sommer bis 25˚C) mit guter Sicht bis ca. 8 m Tiefe. Im Sommer ein beliebter Badesee. Viele Schilfzonen und reichlicher Seerosenbewuchs bilden eine schöne Umrahmung des Wasserspiegels. Im Winter lang zugefroren (Eistauchen).

BESTE TAUCHZEITEN: Herbst

FISCHE: Sehr fischreich! Aal, Waller, Riesenhecht und -wels

PFLANZEN: Zahlreiche Seerosen und Schilfgürtel

TAUCHGEBIETE: Einstiege nur über Stege, besonders empfohlen: am Strandbad (Gemeindebad) und am Schloßbad

BESONDERS INTERESSANT: Nachttauchgänge, bei denen die zahlreichen im See lebenden Fische beobachtet werden können.

TAUCHVERBOTE/SCHUTZZONEN: Es gibt keine Tauchverbote. Als Taucher muß man sich nur beim Gendarmerieposten in Launsdorf anmelden (wegen Kriegsmaterial im See). Schilfzonen und Seerosen dürfen nicht gefährdet werden.

BESONDERHEITEN/GEFAHREN: Achtung auf Kriegsmaterial und Munition! Bergung verboten, jede gesehene Fundstelle muß man der Gendarmerie (Posten in Launsdorf) melden, sonst hohe Geldstrafen!

TAUCHSCHULEN, FÜLLSTATIONEN, TAUCHINFOS: Am Längsee gibt es keine Tauchbasis oder -schule. Die nächsten Möglichkeiten, Preßluftflaschen füllen zu lassen, gibt es bei der ● Feuerwehr der Stadt Klagenfurt, Hans-Sachs-Str. 2, A-9020 Klagenfurt, Montag bis Freitag von 7.30 bis 9.00 Uhr oder im ● Fachgeschäft Tauchsport Adria, St. Veiter Str. 15, A-9020 Klagenfurt, Tel.: 0463/550 62.

ARZT: ● Krankenhaus St. Veit an der Glan, Tel.: 04212/62 22-0; die nächste *Dekokammer* ist in Graz.

SONSTIGE FREIZEITAKTIVITÄTEN: Baden, Surfen, Rudern, Fischen, Tennis, Minigolf, Reiten, Radfahren(Fahrradverleih), Wandern, Sauna mit direkter Verbindung zum See. Zwei große Strandbäder und viele Privatstege.

KULTURANGEBOTE: Stift St. Georgen – das älteste Kloster Kärntens, erbaut um 1002, ehemals Benediktinerinnenstift, in den letzten Jahren vom Bistum Gurk zu einem modernen Bildungshaus und Seminarhotel ausgebaut; Burg Hochosterwitz – das Wahrzeichen Kärntens, 860 erstmals urkundlich erwähnt, 4 km von St. Georgen entfernt, ein Unikum des Burgenbaus, im 16. Jh. (Türkenkriege) sehr ausgebaut; Magdalensberg – 8 km von St. Georgen,

archäologische Ausgrabungen aus der keltisch-römischen Zeit (1. Jh. vor Christi), Grabungsmuseum und Freilichtmuseum; Freilichtmuseum Maria Saal – 15 km von St. Georgen, präsentiert unterschiedliche Lebensformen aus den einzelnen Tälern in Kärnten (Bauernhäuser und Handwerk); Herzogstadt St. Veit an der Glan – 4 km von St. Georgen, 850 Jahre alte Stadt mit einem spätgotischen Zentrum (viele Patrizierhäuser und das Rathaus aus dem 15. Jh.)

TOURISTENINFO: ● Verkehrsbüro Längsee-Hochosterwitz, A-9313 St. Georgen am Längsee, Tel.: 04213/21 92, Fax: 04213/21 92-4

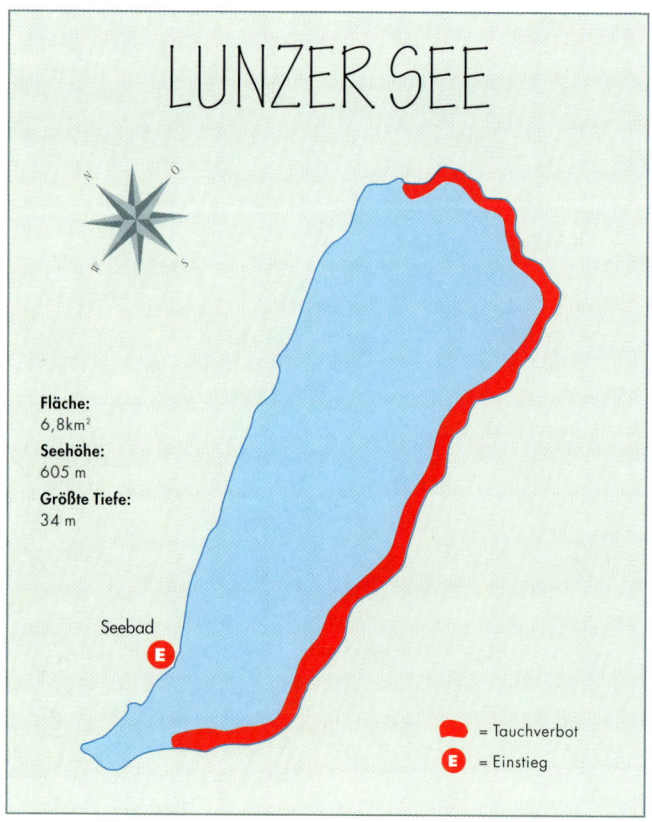

LUNZER SEE

Fläche:
6,8km²
Seehöhe:
605 m
Größte Tiefe:
34 m

Seebad
E

= Tauchverbot
E = Einstieg

ZUFAHRT: Von Westösterreich und der BRD über die Westautobahn A1 bis Abfahrt Ybbs, weiter auf der B25 bis Lunz am See, Zufahrt zum See auf einer Landstraße; von Ostösterreich auf der A1 bis Abfahrt Ybbs, weiter wie oben; von Südösterreich über Graz auf der Schnellstraße S35 bis Kapfenberg, von dort auf der B20 Richtung Mariazell, bei Gußwerk auf die B24 wechseln und in Mariazell auf die B71 (Steigung bis 22 %!) bis Lunz am See.

ALLGEMEINE BESCHREIBUNG: Der Lunzer See ist ein warmer und klarer Bergsee (Wassertemperatur im Sommer bis 25˚C) mit einer Horizontalsicht bis zu 10 m. Im Sommer ein beliebter Badesee. Dieser fischreiche See ist ein Naturdenkmal, weshalb das Tauchen sehr eingeschränkt ist. Der Bewuchs mit Wasserpflanzen ist üppig.

BESTE TAUCHZEITEN: Herbst und Sommer

FISCHE: Nur Seeforelle (dafür aber ca. 10.000!)

PFLANZEN: Laichkraut, im Sommer Grünalgen, an den Hängen dichter Bewuchs, wegen Kalkablagerungen teilweise kein Bewuchs

TAUCHGEBIETE: Keine besondere Empfehlung, Einstieg vom Strandbad möglich.

BESONDERS INTERESSANT: Die Forellen werden hier besonders groß. Im Herbst ist das Wasser sehr klar und eignet sich gut für Fotografen.

TAUCHVERBOTE/SCHUTZZONEN: An der Südseite im Bereich des Laichplatzes „Entenstein" während der Laichzeit von 21. Oktober bis zum 22. Dezember generelles Tauchverbot im ganzen See. Verboten ist auch das Öffnen der Eisdecke, wenn der See zugefroren ist (d.h. kein Eistauchen).

BESONDERHEITEN/GEFAHREN: Weil der Lunzer See ein Naturdenkmal ist, ist es streng verboten, irgendwelche „Souvenirs" aus oder vom See mitzunehmen. Auch ein 50 m breiter Uferstreifen gehört zu diesem Naturdenkmal. Achtung auf Surfer, Motor- und Ruderboote. Der Betrieb von Kompressoren in Ufernähe ist strengstens verboten. Interessanterweise erlaubt ein Bescheid der BH Scheibbs Anrainern und Gewerbebetrieben das Befahren des Sees mit Motorbooten (!), wobei allerdings geräuschvolle und Benzinmotorboote nicht erlaubt sind.

TAUCHSCHULEN, FÜLLSTATIONEN, TAUCHINFOS: Unmittelbar in Seenähe keine taucherische Infrastruktur, aber die beiden Tauchschulen am Erlaufsee geben Rat, Hilfe und Luft: • Tauchschule Anton Ungerböck, Anton Ungerböck, A-8630 St. Sebastian, Tel. und Fax: 03882/41 64, Mobil-Tel.: 0663/88 91 92, täglich geöffnet, Tauchschule, Ausrüstungsverleih und Tauchshop • Harry's Tauchschule (im Gasthaus „Seewirt"), Harald Teltschik, A-8630 St. Sebastian Tel.: 02783/77 47, Fax: 02783/71 58, Mobil-Tel.: 0663/604 74, nur an Wochenenden geöffnet, Tauchschule, Tauchshop, Servicestation, Füllstation, Ausrüstungsverleih

ARZT: Von der Gemeinde Lunz Angaben verweigert; nächste *Dekokammer* in Wien.

SONSTIGE FREIZEITAKTIVITÄTEN: Baden, Surfen, Rudern, Fischen, Wandern, Fahrradtouren, Mountainbike-Verleih, Tennis, Reiten, nostalgische Fahrten mit dem Ötscherland-Dampf-Expreß

KULTURANGEBOTE:
Alte Handweberei, Heimatmuseum

TOURISTENINFO:
• Gästedienst Lunz am See, A-3293 Lunz am See, Tel: 07486/310, Fax: 07486/310-20

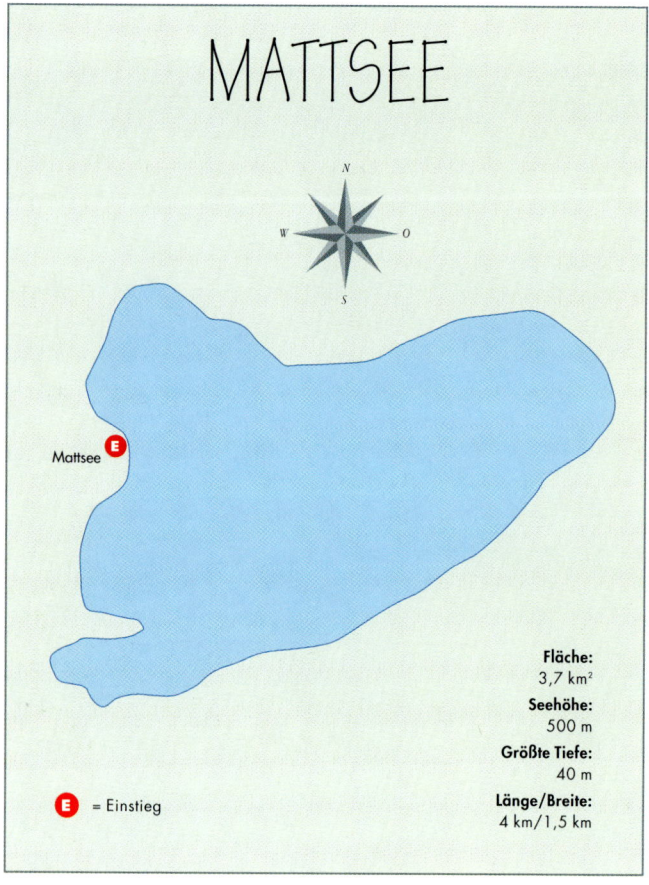

MATTSEE

Mattsee **E**

Fläche:
3,7 km²
Seehöhe:
500 m
Größte Tiefe:
40 m
Länge/Breite:
4 km/1,5 km

E = Einstieg

ZUFAHRT: Von Ostösterreich auf der Autobahn A1 bis Abfahrt Mondsee, weiter auf der B154 Richtung Straßwalchen, in Straßwalchen auf die B1 Richtung Neumarkt am Wallersee, weiter auf der Landstraße nach Mattsee; von Südösterreich auf der Pyhrnautobahn A9 bis zum Voralpenkreuz, weiter auf der A1 Richtung Salzburg und weiter wie oben bzw. auf der Tauernautobahn A10 bis Salzburg, dann A1 Richtung Wien, Abfahrt Wallersee, weiter ganz kurz auf der Bundesstraße B1 bis zur Abzweigung Seekirchen am Wallersee, auf der Landstraße Richtung Obertrum-Mattsee; aus der BRD über Salzburg auf die A1 Richtung Wien und weiter wie oben.

ALLGEMEINE BESCHREIBUNG: Der Mattsee ist vor allem ein Gewässer für Sport- und Berufsfischer. Das Wasser ist ziemlich trüb. Die flachen Seeufer sind teils sandig-schottrig, teils mit einem breiten Schilfgürtel bewachsen. Dieser Schilfgürtel ist das Laichgebiet der Seefische und spielt für die reichhaltige

Vogelwelt eine ebenso wichtige Rolle wie für die Selbstreinigung des Sees. Die gesamte Region legt viel Wert auf einen ökologischen Tourismus. Tauchen ist für diese Gegend noch sehr neu.

BESTE TAUCHZEITEN: Frühjahr und Sommer

FISCHE: Sehr fischreich! Reinanke, Aal, Zander, Waller, Karpfen, Barsch, Brachse, Schleie, Hecht

PFLANZEN: Abgesehen vom Schilfgürtel eher spärlich, der Seeboden ist verschlammt und lehmig.

TAUCHGEBIETE: Einstieg nur beim Strandbad, da sich der Großteil der Ufer in Privatbesitz befindet.

BESONDERS INTERESSANT: Viele Fische

TAUCHVERBOTE/SCHUTZZONEN: Tauchverbot zum Schutz der Laichschonstätten. Die Fischereiberechtigten haben rund um den Mattsee ihre speziellen Fangstellen mit Netzen. Deswegen ist es ratsam, sich vor einem Tauchgang genauestens bei der Wasserret-

tung oder der Touristeninformation Mattsee zu erkundigen.

BESONDERHEITEN/GEFAHREN: Achtung vor Seglern und Surfern, zumal die Sicht nicht gut ist.

TAUCHSCHULEN, FÜLLSTATIONEN, TAUCHINFOS: Direkt am Mattsee fehlt jegliche taucherische Infrastruktur. Flaschenfüllen ist bei der Wasserrettung möglich, sonst nur am Mondsee oder in Salzburg bei: • Erstes Salzburger Tauch-Center Peter Pölzl, Tauchschule und Tauchshop, Innsbrucker Bundesstraße 53, A-5020 Salzburg, Tel.: 0662/82 76 45, Mobil-Tel.: 0664/207 33 90

TAUCHARZT: • Dr. Gerhard Wimmer, A-5163 Mattsee, Tel.: 06217/75 75 (Landesverbandsarzt der Wasserrettung); die nächsten *Dekokammern* in Innsbruck und München.

SONSTIGE FREIZEITAKTIVITÄTEN: Schwimmen, Surfen, Segeln, Angeln, Golf, Minigolf, Paragleiten, Drachenfliegen, Bergsteigen, Reiten, Kegeln, Radwandern, Mountainbiking, Squash, Tennis, Kneipp-Anlage, Naturpark Buchberg mit Lehrpfad

KULTURANGEBOTE: Kollegiatstift Mattsee (ehemalige Propstei und Stiftsmuseum), Wartsteinkapelle (ehemalige Einsiedelei), Bajuwaren-Freilichtschau, Denkmal der Stephanskrone, empfehlenswert ist außerdem ein Besuch in der Mozartstadt Salzburg.

TOURISTENINFO: • Trumer Seen Tourismus Ges.m.b.H., A-5163 Mattsee, Tel.: 06217/60 80 bzw. 520 bzw. 61 60, Fax: 06217/74 21

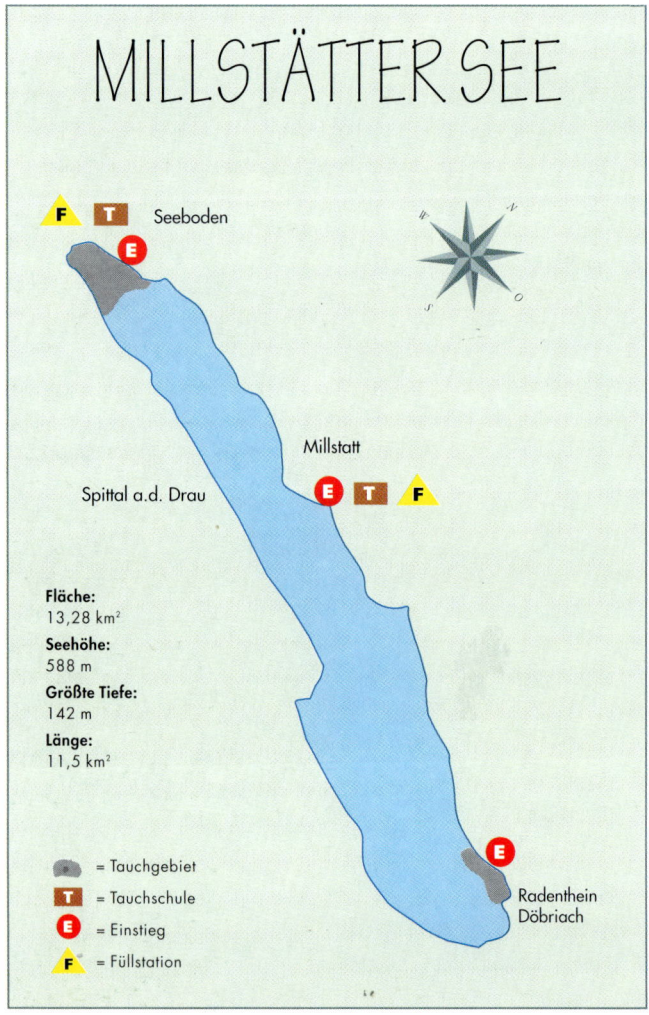

MILLSTÄTTER SEE

Seeboden

Millstatt

Spittal a.d. Drau

Fläche:
13,28 km²

Seehöhe:
588 m

Größte Tiefe:
142 m

Länge:
11,5 km²

= Tauchgebiet

T = Tauchschule

E = Einstieg

F = Füllstation

Radenthein
Döbriach

ZUFAHRT: Von der BRD und Westösterreich über die Tauernautobahn A10, Ausfahrt Knoten Spittal-Millstätter See; von Ostösterreich A2 bis Knoten Spittal-Millstätter See; bei der Einmündung in die Bundesstraße beginnt die Ortschaft Seeboden, links abbiegen, nach ca. 1 km Ortszentrum von Seeboden, nach Millstatt auf der Bundesstraße B88 entlang des Nordufers.

ALLGEMEINE BESCHREIBUNG: Flächenmäßig ist er der zweitgrößte und einer der wärmsten Seen Kärntens: Wassertemperatur bis 26°C. Die Tiefe nimmt von Westen nach Osten zu, die tiefste Stelle (142 m) liegt südlich von Sappl. Das Wasser hat Trinkwasserqualität. Die Sicht ist gut: in Flachbereichen fünf bis zehn Meter. Darunter eine Trübschicht mit Sicht von nur einem bis zwei Meter, ab 15 m wird das Wasser wieder klar, aber da braucht man dann schon eine Lichtquelle. Bis in 6 m Tiefe üppige Flora. Der See friert im Winter manchmal zu. Die Fremdenverkehrsorte konzentrieren sich am Nordufer. Das Südufer ist unbebaut, stark bewaldet und sehr steil, unter Wasser bis 90 m abfallend.

BESTE TAUCHZEITEN: Herbst

FISCHE: Sehr fischreich! Große Hechte, Schleie, Zander, Barsch, Renke, Aal, dichte Kolonien von Dreikantmuscheln

PFLANZEN: In der Uferzone wachsen bis in sechs Meter Tiefe Wasserpflanzen, die im Sommer bis zu drei Meter groß werden können, Grünalgen, Laichkraut, Wasserpest.

TAUCHGEBIETE: Ein bei Tauchern beliebter Einstieg ist der Badestrand von Döbriach. Der Einstieg ist von jedem der sechs stzrandbäder möglich, außerdem beim Bachzulauf und auf einem Gemeindegrundstück. Man kann mit den Autos bis zu den Strandbädern fahren. Weitere gute Einstiege bieten sich beim Strandhotel Pichler (Tauchbasis), beim Hotel „Fliegenpilz" (Tauchbasis), beide in Seeboden, und beim Hotel „Seewirt" in Millstatt (Tauchbasis). Für den Einstieg bei den Tauchschulen muß man das Auto etwa 500 m vom Ufer entfernt stehen lassen und zu Fuß gehen.

BESONDERS INTERESSANT: Sehr schön ist der Millstätter See entlang des Westufers. An drei Stellen gibt es Steilabfälle. Besonders schön ist der sogenannte „Jungfernsprung" in Döbriach, eine Felsenecke, die vom Anlegesteg der Seerundfahrtschiffe aus zugänglich ist.

TAUCHVERBOTE/SCHUTZZONEN: keine besondere Genehmigung erforderlich. Es wird aber nicht gern gesehen, wenn Kompressoren mit Verbrennungsmotoren betrieben werden. Verbot für Zweitakt-Motorboote.

BESONDERHEITEN/GEFAHREN: Achtung auf Linienschiffe, Wasserschifahrer, Segler und Surfer

TAUCHSCHULEN, FÜLLSTATIONEN, TAUCH-INFOS: • Alpen-Adria-Aquanauten und 1. Österreichische Tauchakademie: Ausbildung, Füllstation, Ausrüstungsverleih, Ing. Josef Gröchenig, Strandhotel Pichler, A-9871 Seeboden, Tel.: 04762/811 80, Fax: 04762/81 18 06 • Tauchbasis im Sporthotel „Club Fliegenpilz": Ausbildung, Füllstation,

Ausrüstungsverleih, Unterwasserplattform, Roman Marcovich, A-9871 Seeboden, Tel. und Fax: 04762/817 08 • Tauchbasis und Tauchschule im Hotel „Seewirt" und im Wassersportpark-Hotel „Hubertus Schlössl", Ausbildung (aber nur für Hotelgäste), Franz Faber, A-9872 Millstatt, Tel.: 04766/21 10, Fax: 04766/21 10-54

ÄRZTE: • Dr. Herwig Lindner, A-9871 Seeboden, Tel.: 04762/829 82 • Dr. Horst Laggner, A-9872 Millstatt, Tel.: 04766/202 70 • Dr. Ludwig Seeberg-Elverfeldt, A-9872 Millstatt, Tel.: 04766/332 70, Mobil-Tel.: 0663/84 02 22 • Dr. Bernd Weinlich (Facharzt für Unfallchirurgie und Sportarzt), A-9800 Spittal/Drau, Tel.: 04762/363 66 • Krankenhaus Spittal, A-9800 Spittal, Tel.: 04762/622-0; die nächste *Dekokammer* in Graz.

SONSTIGE FREIZEITAKTIVITÄTEN: Segeln, Wasserschi, Windsurfen, Elektroboote, Drachenflug, Hängegleiter, Angeln, Strandbäder, Tennis, Wandern, Bergsteigen, Radwandern, Mountainbiking, Kajakfahren, Golf, Minigolf, Tschiernock-Sessellift auf 2082 m Höhe (schönes Panorama, Ausgangspunkt für Bergtouren), 1. österreichisches Bonsai-Zentrum (Juni–September, Gestaltung und Pflege dieser fernöstlichen Zwergbäumchen)

KULTURANGEBOTE: 1.000 Jahre alte Kirche zu Lieseregg mit spätgotischem Flügelaltar, Kirche St. Wolfgang in Seeboden, Benediktinerkloster aus dem 11. Jh. und barocke Klosterkirche in Millstatt, Stiftsmuseum, Burg Sommeregg in Treffling, Fischereimuseum in Seeboden (mit 7.000-Liter-Süßwasser-Aquarium), Konzerte in der Stiftskirche, Internationales Kunstforum Millstatt, Erlebniswelt Plüschtierzoo in Seeboden

TOURISTENINFO: • Seeboden-Touristik, Tel.: 04762/812 10, Fax: 04762/828 34 • Fremdenverkehrsverband Millstätter See, Tel.: 04766/20 22, Fax: 04766/34 79 • Tourismusverband Radenthein-Döbriach, Tel.: 04246/78 78-14, Fax: 04246/78 78-16

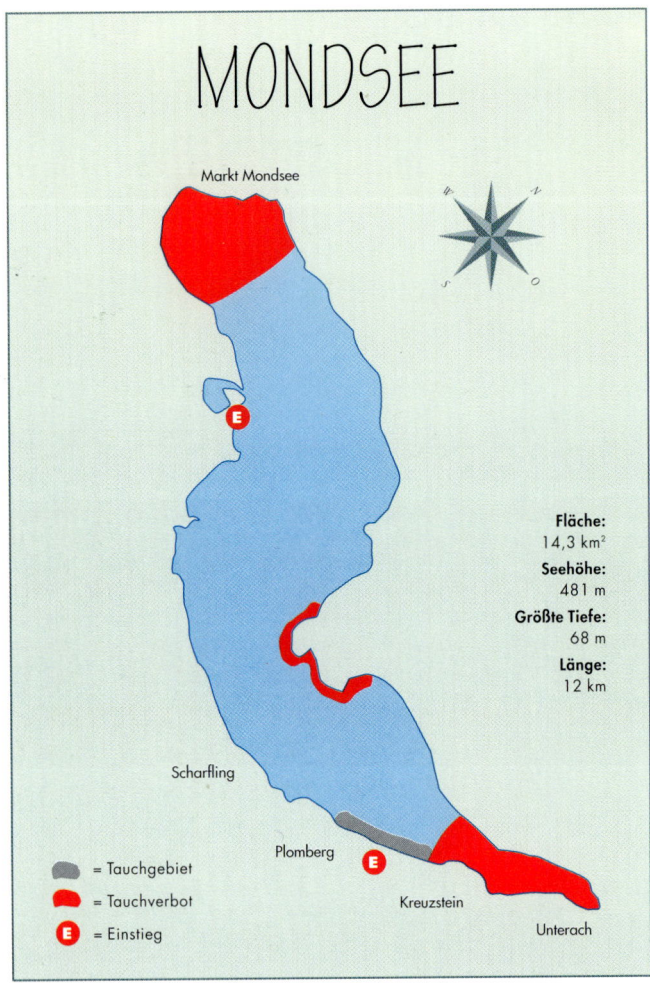

MONDSEE

Markt Mondsee

Fläche:
14,3 km²
Seehöhe:
481 m
Größte Tiefe:
68 m
Länge:
12 km

Scharfling

Plomberg

Kreuzstein

Unterach

= Tauchgebiet
= Tauchverbot
E = Einstieg

ZUFAHRT: Von Ostösterreich, Salzburg und der BRD: über die Autobahn A1, Abfahrt Mondsee; von Kärnten und Osttirol: Tauernautobahn bis Salzburg, dann A1 Richtung Wien, Abfahrt Mondsee, weiter auf der Bundesstraße B154 (Zufahrt zum Austria Camp und der Tauchschule Atlantis, weiter Richtung Wolfgangsee).

ALLGEMEINE BESCHREIBUNG: Wärmster See im Salzkammergut (Wassertemperatur an der Oberfläche bis 26°C im Juli und August). Relativ trüb wegen besonders reichlich vorkommenden Planktons, daher für Fotografie eher ungünstig, nur bei Nachttauchgängen Aufnahmen von schlafenden Fischen möglich. Umfangreiche Tauchverbote wegen jungsteinzeitlicher Pfahlbauten, Laichschonstätten bzw. Schiffahrt).

BESTE TAUCHZEITEN: Im Frühjahr und Spätherbst beste Sicht (bis 5 m); in kalten Wintern erhöht sich die Sicht auf 15 m. Im Sommer ist der Mondsee eher dunkel, weil große Mengen an Plankton produziert werden. Es liegen zur Zeit keine zeitlichen Beschränkungen vor.

FISCHE: Sehr fischreich in der Tiefe: Barsche (vor allem Sonnenbarsche), Aale und Weißfische

PFLANZEN: Spärlich, Seeboden verschlammt und lehmig

TAUCHGEBIETE: Innerschwand/Mondsee/Scharfling: Bereich zwischen dem Westerthal (Innerschwand) über Mondsee/St. Lorenz bis zur Schiffstation Scharfling; Kienbergwand: Gebiet zwischen der Mündung des Kienbaches und dem Bereich Wiesenau; Mühlbach/Marienau: Zone westlich der Zenzmühle bis zum Landesteg Pichl/Auhof

BESONDERS INTERESSANT: „*Kienbergwand*": Zutrittsstellen im gesamten Bereich der Tunnels vorhanden. Dunkle, aber faszinierende Steilwand mit starkem Muschelbewuchs. „*Harnischwand*" bei Plomberg/Scharfling in der Nähe des Denkmals der Salzkammergutbahn: sehenswerte, steile und zerklüftete Felsenwand bis ca. 42 m Tiefe. *Kreuzstein:* Gedenkstätte am See; besonders empfehlenswert an dieser Stelle ein Nachttauchgang, weil man dann viele Fische sehen kann! Im Gebiet um das Austria Camp Mondsee (St. Lorenz) vereinzelt Keramikfunde.

TAUCHVERBOTE/SCHUTZZONEN: Striktes Tauchverbot zum Schutz der Pfahlbauten und Laichschonstätten und wegen der Schiffahrt: direkt im Ortsgebiet Mondsee, im Gebiet Ort, bei Kreuzstein, bei der Halbinsel im Gebiet Au. Bei Nichtbeachtung der Tauchverbote drohen Geldstrafen von öS 5.000,– bis 30.000,–.

BESONDERHEITEN/GEFAHREN: Wie in fast allen Salzkammergutseen liegen auch hier noch immer Waffen und Geräte aus dem 2. Weltkrieg. Sie dürfen nicht berührt werden. Funde sind der Gendarmerie zu melden.

TAUCHSCHULEN, FÜLLSTATIONEN, TAUCHINFOS: Die folgenden Tauchstütz-punkte bieten Ihnen Füllstationen, Tauchkurse mit Internationaler Ab-schlußprüfung, Schnuppertauchen, Tauchgangsführung, Tauchbegleitung, UW-Kamera-Verleih, Tauchbergungen und Tauchartikel: • Tauchschule Atlan-tis im Austria Camp Mondsee, Josef Kissler, A-5310 Mondsee, Tel.: 06232/29 27, Mai, Juni: nur wochenends 9–20 Uhr; Juli und August: täglich 9–20 Uhr; Sep-tember: nur an Wochenenden 9–20 Uhr geöffnet. Winterbetrieb auf Anfrage, Tel.: 0732/ 30 93 15, Mobil-Tel.: 0663/87 75 44 • Tauchclub Attersee, Helmut Rei-ter, A-4866 Unterach, Tel.: 07666/80 34, Mobil-Tel.: 0663/07 46 91, 1. Mai bis 31. Oktober, täglich 10–18 Uhr, sonst nach Vereinbarung geöffnet • Tauchsport Pacher, Fachhandel, Service und Schule, A-4866 Unterach, Tel.: 07665/85 24, ganzjährig täglich geöffnet

In St. Lorenz Nr. 300 hat die Firma Camaro, Erzeuger von Wassersportanzü-gen, ihren Sitz (Tel.: 06232/42 01-0, Fax: 06232/35 45, Mobil-Tel.: 0663/07 94 34, Kontaktperson: Erich Roiser).

TAUCHARZT: • Dr. Josef Gmeiner, August-Strindberg-Str. 2, A-5310 Mondsee, Tel.: 06232/29 94 (stellt auch ärztliche Tauchatteste aus); nächste *Dekokammern* in Innsbruck und in München.

SONSTIGE FREIZEITAKTIVITÄTEN: Windsurfing, Wasserschi, Segeln (im Ort

Mondsee befindet sich Österreichs größte Segelschule), Motorboot-Rafting, Ruder-, Tret- und Elektroboote, Angeln, Golf, Minigolf, Bergsteigen, Klettern, Reiten, Kutschenfahren, Kegeln, Radwandern, Mountainbiking, Badminton, Linienschiffahrt, Schwimmen, Squash, Tennis.

KULTURANGEBOTE: Salzkammergut-Lokalbahnmuseum, Stiftskirche zum Hl. Michael (ursprünglich gotische Pfarrkirche mit Kunstwerken des Barockbildhauers Meinrad Guggenbichler), Österreichisches Pfahlbaumuseum, Freilichtmuseum Mondseer Rauchhaus, Mondseer Einbaum in der Kaianlage vom Ort Mondsee, Marktplatz Mondsee, Villa des schwedischen Dichters der Jahrhundertwende August Strindberg, Limnologisches Institut in Mondsee für alle, die an Seenkunde interessiert sind. Die Autoren empfehlen außerdem einen Besuch in der Mozartstadt Salzburg (Fahrzeit mit dem Auto auf der A1 ca. 30 Minuten)

TOURISTENINFO: • Tourismusbüro Mondseeland, A-5310 Mondsee, Tel.: 06232/22 70 bzw. 4270, Fax: 06232/44 70

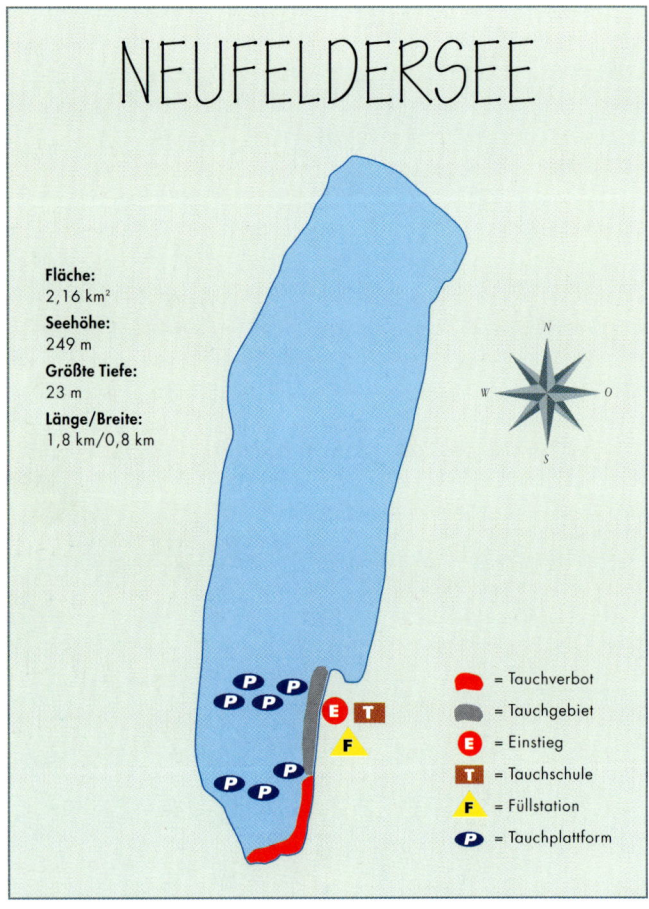

NEUFELDERSEE

Fläche:
2,16 km²
Seehöhe:
249 m
Größte Tiefe:
23 m
Länge/Breite:
1,8 km/0,8 km

= Tauchverbot
= Tauchgebiet
E = Einstieg
T = Tauchschule
F = Füllstation
P = Tauchplattform

ZUFAHRT: Von Westösterreich und der BRD über die Westautobahn A1 bis Autobahnknoten Steinhäusl, weiter auf der Außenringautobahn A21 bis zur Südautobahn A2 Richtung Wiener Neustadt, in Baden abfahren, auf der B201 Richtung Ebreichsdorf, dann auf der Ostautobahn A3 Richtung Eisenstadt bis zur Abfahrt Hornstein und weiter in Richtung Ebenfurth bis zum Neufeldersee; von Ostösterreich auf der Südautobahn A2 bis Abfahrt Baden, dann weiter wie oben.

ALLGEMEINE BESCHREIBUNG: Der Neufeldersee ist ein vielbesuchter Badesee – an schönen Wochenenden im Sommer kommen gut und gern 10.000 Badegäste dorthin, und trotzdem hat er Trinkwasserqualität. Gleichzeitig ist er die erste Adresse für alle Tauchausbildungen im Großraum Wien. Das wird nicht zuletzt auch durch insgesamt sieben (!) Tauchplattformen dokumen-

tiert. Er ist kein Natursee, sondern ein geflutetes ehemaliges Braunkohle-
bergwerk, das im Tagbau betrieben wurde. Die Flutung erfolgte sanft und
langsam, sodaß wenig von den ursprünglichen Strukturen beschädigt wurde.
Leider sind jedoch weder Stollen noch sonstige Reste von damals vorhanden.
Allerdings läßt sich das Bergwerk an manchen Stellen noch erahnen, und wer
weiß, wo man suchen soll, kann sogar noch etwas Braunkohle mit nach Hause
nehmen. Es gibt einen Zu- und einen Abfluß, aber keine gefährlichen Strö-
mungen. Die Ufer des Neufeldersees (der übrigens, wie mehr als die Hälfte
des gesamten Burgenlandes, noch immer der Fürstenfamilie Esterhazy
gehört) sind alle flach, nur an zwei Stellen im Westen finden sich kleine Steilwände, die aber nicht tief hinunter reichen. Der Grund ist generell schlammig.
Die Sicht kann – wenn die Badesaison mit ihren „aufwühlenden" Gästen vorüber
ist – horizontal bis 15 m betragen. Im Hochsommer wird der Neufeldersee bis
24 oder 25°C warm. Er weist aber zwei Sprungschichten auf, wovon die zweite
in ca. 12 bis 15 m Tiefe das Tauchvergnügen auf 15° bis 16°C abkühlt. Der
Bewuchs des Neufeldersees ist üppig, sein Fischreichtum berühmt.

BESTE TAUCHZEITEN: Sommer, und wenn man gute Sicht haben will: Herbst.

FISCHE: Hecht, Schleie, Zander, Wels, Aal, Barsch, Forelle, Karpfen (im Neufeldersee gibt es Exemplare bis 75 cm!) und zwei Arten Süßwasserkrebse

PFLANZEN: Viele Grünalgen und Farnkräuter

TAUCHGEBIETE: Der Haupteinstieg ist in der Tauchzone nördlich des Bootsverleihs
am Ostufer.

BESONDERS INTERESSANT: Die Uferzonen etwas abseits des Tauch- und
Schwimmbetriebs im Tiefenbereich von 5–10 m, weil dort die großen Fische
stehen (erreichbar zu Fuß oder mit dem Boot). Für Tauchanfänger und zum
Üben sind sicherlich die Tauchplattformen von besonderem Interesse. Etwas
links (südlich) der Tauchbasis Lorenc liegen drei Plattformen in 15, 10 und 5 m
Tiefe; direkt vor der Tauchbasis sind weitere vier Plattformen in 5, 8, 12 und 15 m
Tiefe verankert (jeweils vom Ufer aus gesehen). Zusätzlich gibt es auf 6 m ein
Rohr zum Durchtauchen und in 12 m eine umgedrehte Badewanne, die
während der Saison luftgefüllt ist und als Sprechblase dient.

TAUCHVERBOTE/SCHUTZZONEN: Tauchverbot herrscht in einem 15 m breiten Streifen vor den Privatgrundstücken, Tauchverbot auch am öffentlichen
Westufer von der Wasserrutsche in Richtung Norden bis zur Tauchzone, die nach
dem Bootsverleih beginnt (dieses Verbot gilt während der Badesaison, die
normalerweise von Mai bis Ende September dauert). Generelles Nachttauchverbot unter der Woche, an Samstagen und Sonntagen jedoch erlaubt
(während der Badesaison), unter der Woche letztes Auftauchen bis 1 Stunde
nach Sonnenuntergang, Eistauchen verboten.

BESONDERHEITEN/GEFAHREN: Die Gemeinde Neufeld, die das Strandbad
betreibt, das den einzigen öffentlichen Zugang zum See bietet, ist nicht sehr

taucherfreundlich. Taucher zahlen mit öS 100,– pro Person den doppelten Eintritt eines normalen Badegastes (öS 50,– für einen ganzen Tag). Eine Saisonkarte kostet derzeit öS 600,–, dafür muß man dann an besuchsstarken Tagen nicht an der Kassa anstehen. Auf Schwimmer, Tretboote, Surfer und Segelboote ist Rücksicht zu nehmen.

TAUCHSCHULEN, FÜLLSTATIONEN, TAUCHINFOS: • Günter Lorenc, Tauchschule (PADI), Tauchbasis, Geräteverleih (über 50 Ausrüstungen), Füllstation mit 5 Kompressoren, Tauchshop, Verleih von Scootern und Metallsuchgeräten; Tauchbasis in Betrieb von Anfang April bis Ende Oktober am Wochenende und an Feiertagen, im Juli und August täglich (es ist aber empfehlenswert, vor einem geplanten Tauchgang in einem der Tauchshops in Ebenfurth oder Wien anzurufen, wenn man nicht allein tauchen will) • Tauchsport Lorenc Wr. Neustädter Str. 37, A-2490 Ebenfurth, (Mo.–Fr. 14–18 Uhr, Sa. 9–12 Uhr) Tel.: 02624/527 00, Fax: 02624/527 55 • Tauchsport Lorenc, Lerchenfeldergürtel 13, A-1160 Wien, Tel.: 0222/492 66 70, Fax: 0222/492 66 71 • Tauchshop Lorenc, Margaretengürtel 8, A-1050 Wien, Tel.: 0222/544 43 65 • Naturfreunde (nur für Mitglieder)

ARZT: In der Gemeinde Neufeld ist ein Notfalldienst eingerichtet; auf einem Aushang bei der Tauchbasis Lorenc ist ersichtlich, welcher Arzt gerade Dienst hat, über die Tauchbasis Lorenc kann im Notfall auch ein Hubschrauber angefordert werden, der binnen 6 Minuten da ist und über einen eigenen Landeplatz direkt am See verfügt. Die Tauchbasis Lorenc ist mit einem Notfallkoffer ausgestattet und verfügt auch über Sauerstoff; die nächste *Dekokammer* steht in Wien.

SONSTIGE FREIZEITAKTIVITÄTEN: Schwimmen, Surfen, Tretboote, Fischen, Segeln (Jachtclub)

KULTURANGEBOTE: keine – außer man rechnet die z.T. urigen Heurigen zur Kultur

TOURISTENINFO: • Landesverband Burgenland Tourismus, A-7000 Eisenstadt, Tel.: 02682/633 84, Fax: 02682/633 84-20

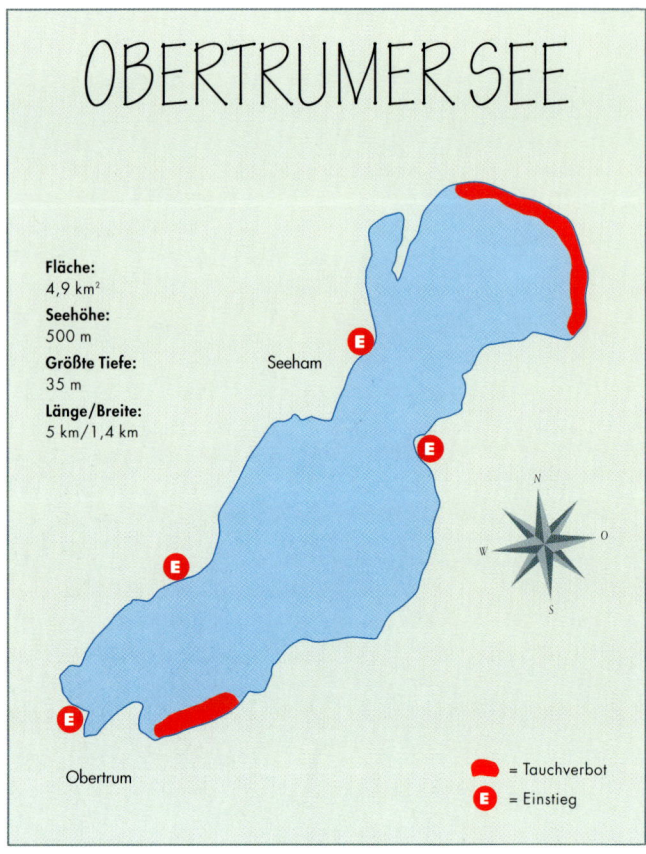

OBERTRUMER SEE

Fläche:
4,9 km²
Seehöhe:
500 m
Größte Tiefe:
35 m
Länge/Breite:
5 km/1,4 km

Seeham

Obertrum

= Tauchverbot

E = Einstieg

ZUFAHRT: Von Ostösterreich auf der Autobahn A1 bis Abfahrt Mondsee, weiter auf der B154 Richtung Straßwalchen, in Straßwalchen auf die B1 Richtung Neumarkt am Wallersee, weiter auf der Landstraße nach Mattsee; von Südöster- reich auf der Pyhrnautobahn A9 bis zum Voralpenkreuz, weiter auf der A1 Richtung Salzburg und weiter wie oben bzw. auf der Tauernautobahn A10 bis Salzburg, dann A1 Richtung Wien, Abfahrt Wallersee, weiter ganz kurz auf der Bundesstraße B1 bis zur Abzweigung Seekirchen am Wallersee, auf der Land- straße Richtung Obertrum-Mattsee; aus der BRD über Salzburg auf die A1 Richtung Wien und weiter wie oben.

ALLGEMEINE BESCHREIBUNG: Der Obertrumer See ist ein Gewässer für Sport- und Berufsfischer. Das Wasser ist trüb, sowohl die horizontale als auch die vertikale Sicht sind schlecht: die Sichtiefe beträgt im Schnitt 2 m. Ab 12 m Tiefe gibt es keinen Sauerstoff mehr. Die flachen Seeufer sind teils sandig- schottrig, teils mit einem Schilfgürtel bewachsen. Dieser Schilfgürtel ist das

Laichgebiet der Seefische und spielt für die reichhaltige Vogelwelt eine wichtige Rolle. Die gesamte Region legt viel Wert auf einen ökologischen Tourismus. Tauchen ist für diese Gegend noch sehr neu.

BESTE TAUCHZEITEN: Frühjahr und Sommer

FISCHE: sehr fischreich; Reinanke, Aal, Zander, Waller, Karpfen, Barsch, Brachse, Schleie, Hecht

PFLANZEN: abgesehen vom Schilfgürtel eher spärlich, der Seeboden ist verschlammt und lehmig.

TAUCHGEBIETE: Einstiege nur bei den 3 Strandbädern, da sich der Großteil des Ufers in Privatbesitz befindet.

BESONDERS INTERESSANT: Die vielen Fische, sonst nichts

TAUCHVERBOTE/SCHUTZZONEN: Tauchverbot zum Schutz der Laichschonstätten. Die Fischereiberechtigten haben rund um den Obertrumer See ihre speziellen Fangstellen mit Netzen. Deswegen ist es ratsam, sich vor einem Tauchgang genauestens bei der Wasserrettung oder der Touristeninformation zu erkundigen. In der Bucht des Segelclubs von Seeham ist das Tauchen verboten. Verboten sind außerdem: die östliche Bucht zwischen Seeham und Fisching sowie östlich von Obertrum (beim Seezufluß) bis Mitterhof.

BESONDERHEITEN/GEFAHREN: Achtung vor Seglern und Surfern, zumal die Sicht gar nicht gut ist.

TAUCHSCHULEN, FÜLLSTATIONEN, TAUCHINFOS: Direkt am Obertrumer See fehlt jegliche taucherische Infrastruktur. Flaschenfüllen ist bei der Wasserrettung möglich, sonst nur am Mondsee oder in Salzburg bei: •Erstes Salzburger Tauch-Center Peter Pölzl, Tauchschule und Tauchshop, Innsbrucker Bundesstraße 53, A-5020 Salzburg, Tel.: 0662/82 76 45, Mobil-Tel.: 0664/207 33 90

TAUCHARZT: • Dr. Gerhard Wimmer, A-5163 Mattsee, Tel.: 06217/75 75 (Landesverbandsarzt der Wasserrettung); die nächsten *Dekokammern* sind in Innsbruck und München.

SONSTIGE FREIZEITAKTIVITÄTEN: Schwimmen, Surfen, Segeln, Angeln, Golf, Minigolf, Paragleiten, Drachenfliegen, Bergsteigen, Reiten, Kegeln, Radwandern, Mountainbiking, Squash, Tennis, Kneipp-Anlage, Naturpark Buchberg mit Lehrpfad

KULTURANGEBOTE: Barocke Kapelle Zum Guten Hirten und mehr als 200 Jahre alte Kaiserbuche in Obertrum, Heimatmuseum Obertrum, Freilichtmuseum Kugelmühle, Kunstgalerie „Trumer Seen Galerie" in Seeham, Kollegiatstift Mattsee (ehemalige Propstei und Stiftsmuseum), Wartsteinkapelle (ehemalige Einsiedelei), Bajuwaren-Freilichtschau. Empfehlenswert ist außerdem ein Besuch in der Mozartstadt Salzburg.

TOURISTENINFO: • Trumer Seen Tourismus Ges.m.b.H., A-5163 Mattsee, Tel.: 06217/60 80 bzw. 520, Fax: 06217/74 21, und A-5162 Obertrum, Tel.: 06219/307 und A-5164 Seeham, Tel.: 06217/493

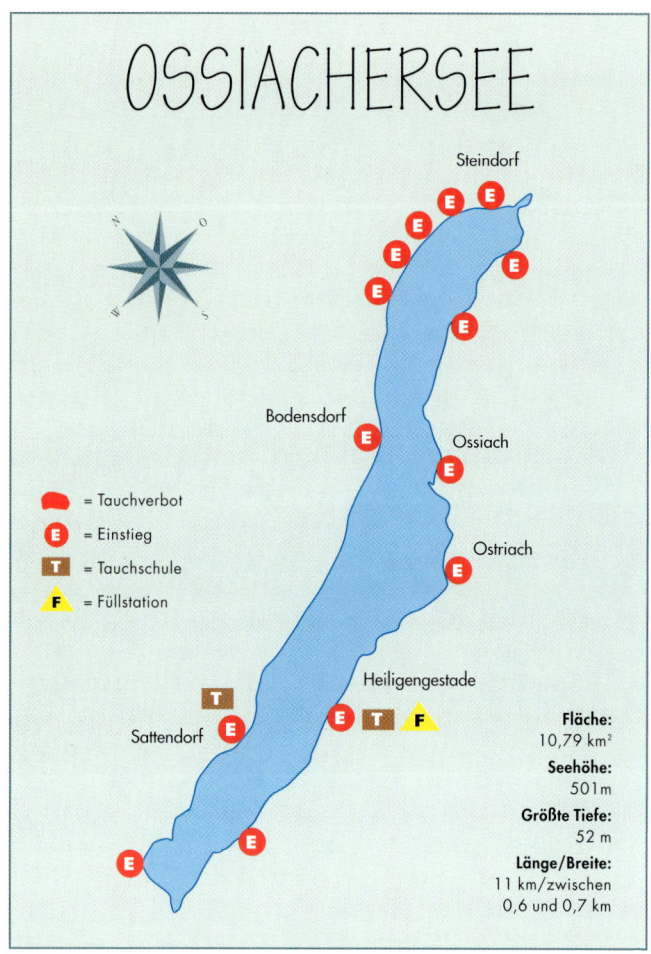

OSSIACHERSEE

Steindorf

Bodensdorf

Ossiach

Ostriach

Heiligengestade

Sattendorf

= Tauchverbot

E = Einstieg

T = Tauchschule

F = Füllstation

Fläche:
10,79 km²
Seehöhe:
501m
Größte Tiefe:
52 m
Länge/Breite:
11 km/zwischen
0,6 und 0,7 km

ZUFAHRT: Von Salzburg, BRD: über die Tauernautobahn A10 Richtung Villach, Abfahrt Villach-Ossiachersee, von Ostösterreich Südautobahn A2 bis Knoten Villach, dann A10 Richtung Salzburg bis Abfahrt Villach-Ossiachersee.

ALLGEMEINE BESCHREIBUNG: Der Ossiachersee ist der drittgrößte See Kärntens. Im östlichen Teil ist der See etwa 8–10 m, im westlichen Teil 30–40 m tief. Im Sommer, auch in der Seemitte, um 24°C warm, im Uferbereich bis zu 28°C. Trotz dieser außergewöhnlichen Temperaturen beträgt die Sicht immerhin 2–5 m. Das Ufer fällt fast überall flach ab. Der See friert im Winter selten zur Gänze zu, daher ganzjährig betauchbar.

BESTE TAUCHZEITEN: Im Frühjahr 4–5 m Sicht, die besten Sichtweiten im Herbst.

FISCHE: große Waller, Hechte und Zander, Schleie, Karpfen, Aal und Brassenschwärme, Renke (besonders interessant für UW-Fotografen), seltener begegnet man Barschen, Rotfedern, Rotaugen, Lauben.

PFLANZEN: Keine Besonderheiten, etliche ausgedehnte Schilfzonen

TAUCHGEBIETE: Einstiegsmöglichkeiten bei allen öffentlichen Strandbädern und Campingplätzen; mit dem Auto nicht erreichbar, Anmarschweg zu Fuß ca. 100 m, oder mit gemietetem Boot.

BESONDERS INTERESSANT: Bei Sattendorf (unter den Holzbadehütten kann man Fische beobachten. Im Ausflußgebiet (ein riesiger Waller, 1,70 m lang).

TAUCHVERBOTE/SCHUTZZONEN: Wegen starker Bebauung der Uferzonen ist der freie Zugang zum See erschwert. Tauchen ist aber im Ossiachersee überall erlaubt, keine Anmeldung notwendig. Naturschutzgebiete sind mittels Bojen gekennzeichnet.

BESONDERHEITEN/GEFAHREN: Vor Ossiach, Bodensdorf und an vielen anderen Stellen liegen zahllose Waffen und militärische Ausrüstungsgegenstände, auch Sprengstoff, auf dem Seegrund. Waffenfunde sind unter Angabe des Fundortes der Gendarmerie zu melden. Wer im Ossiachersee taucht, muß deshalb mit stichprobenartigen Kontrollen der Gendarmerie rechnen.

TAUCHSCHULEN, FÜLLSTATIONEN, TAUCHINFOS: • Tauchschule Auer, Süduferstraße 310, A-9570 Heiligengestade-Ossiach, Tel. und Fax: 04242/45 66, (Tauchshop, Tauchkurse, Füllstation) Betrieb: Mitte Mai bis 15. Oktober • Tauchbasis Ossiachersee, Haus Nr. 2, A-9520 Sattendorf, Tel.: 04248/27 99, Fax: 04274/384 14 • Tauchschule Ing. Klaus Patterer, St. Agathenweg 32, A- 9500 Villach, Tel.: 04242/ 417 77 - 2230 • Füllstation Campingwelt, A-9500 Villach, Tel.: 04242/325 40

ARZT: • Dr. Klaus Haar, Lindenweg 2, A-9551 Bodensdorf, Tel.: 04243/733, • Dr. Helmut Polanec, Bundesstraße 32, A-9551 Bodensdorf, Tel.: 04243/23 33, Fax: 04243/23 33-20, nächste *Dekokammer* in Graz.

SONSTIGE FREIZEITAKTIVITÄTEN: Segeln, Surfen, Wasserschi (acht Schulen), Parasailing, Paragleiten, Angeln, Radfahren (Fahrradweg rund um den See), Reiten, Tennis (Carinthian Open!), Wandern, Modellfliegen, Kegeln, Minigolf, Sommerrodelbahn, Stockschießen, Tischtennis, Hallenbad, Ruder-, Elektro- und Tretboote, Linienschiffahrt

KULTURANGEBOTE: Benediktinerkloster Ossiach, Thomaskirche in den Ossiacher Tauern aus dem 12. Jh., Musikfestival, „Carinthischer Sommer" in Ossiach und Villach, Solarzentrum Kanzelhöhe (Österreichs einzige Station zur Sonnenbeobachtung), Falknerei und Adlerflugschau auf der Burgruine Landskron, Pilzmuseum in Treffen, Alm- und Bergbauernmuseum in Gerlitzen Alpe

TOURISTENINFO: • Verkehrsamt Ossiach (für Ossiach, Ostriach, Rappitsch und Alt-Ossiach), A-9570 Ossiach, Tel.: 04243/497 oder 84 20, Fax: 04243/87 63, • Verkehrsamt Bodensdorf (für St. Urban, Bodensdorf, Tratten, Steindorf, Tschöran, Tiffen, Nadling, Unterberg, Stiegl, Gerlitzen Alpe, Ossiachberg, Sonnberg und Winkl-Ossiachberg), A-9551 Bodensdorf, Tel.: 04243/476 oder 83 83-23, Fax 04243/83 83-33, • Verkehrsamt Sattendorf (für Annenheim, Sattendorf, Kanzelhöhe, Treffen, Einöde und Verditz), A-9520 Sattendorf, Tel.: 04248/23 36 oder 2337, Fax 04248/32 95, • Tourismusinformation St. Andrä/Ossiachersee (für St. Andrä, Landskron, Heiligengestade und Villach), A- 9523 St. Andrä, Tel.: 04242/42 00-0, Fax: 04242/427 77

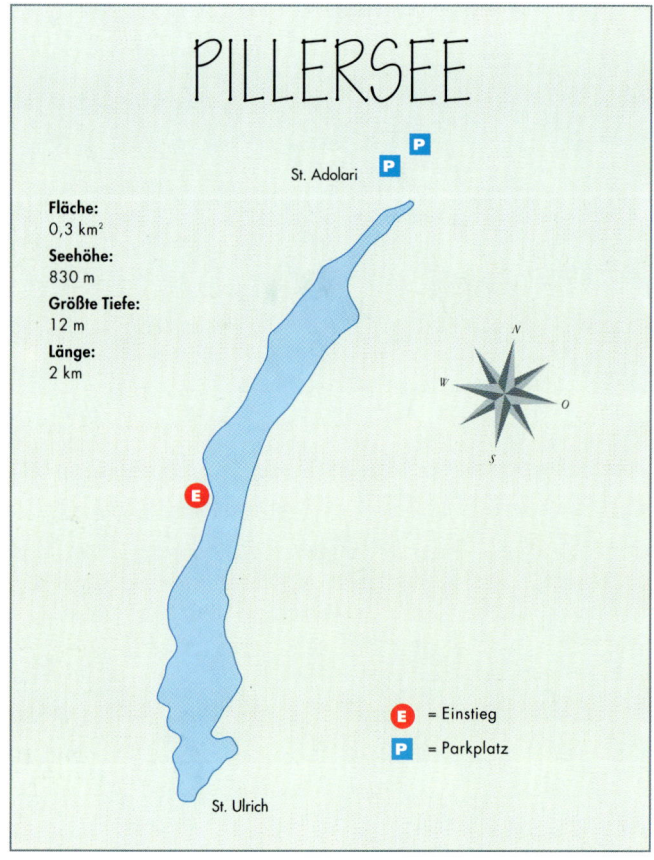

PILLERSEE

Fläche:
0,3 km²

Seehöhe:
830 m

Größte Tiefe:
12 m

Länge:
2 km

St. Adolari

St. Ulrich

E = Einstieg
P = Parkplatz

ZUFAHRT: Auf der Inntalautobahn A12 bis zur Abfahrt Wörgl, weiter auf der Bundesstraße B312 bis St. Johann, dann auf der Landesstraße 164 bis Fieberbrunn, im Ort links nach St. Ulrich am Pillersee abzweigen; eine zweite Zufahrtsmöglichkeit existiert, wenn man von St. Johann Richtung Lofer weiterfährt und in Waidring nach rechts in Richtung St. Ulrich abzweigt.

ALLGEMEINE BESCHREIBUNG: Der Pillersee ist ein relativ warmes und sehr klares Badegewässer. Auch Angler schätzen den Pillersee sehr. Im Hochsommer beträgt die Wassertemperatur an der Oberfläche 21°C. Für die gute Sicht sorgt der Haselbach, der den See durchfließt, zur Zeit der Schneeschmelze allerdings für Eintrübung sorgt. Das Gebiet um den See steht unter Naturschutz. Am See nisten Fischreiher.

BESTE TAUCHZEITEN: Die beste Sicht hat man im Sommer und im Herbst.

FISCHE: Forelle, Saibling

PFLANZEN: Nichts Erwähnenswertes

TAUCHGEBIETE: Generell erlaubt, keine Genehmigung notwendig. Es wird aber eine Liegeplatzgebühr von öS 10,– pro Tag eingehoben. Einstiege überall entlang der Straße an der Westseite, am Ostufer endet ein Weg etwa in der Hälfte des Sees.

TAUCHVERBOTE/SCHUTZZONEN: Keine Verbote, aber unbedingt auf Reiher, Angler, Badegäste und Surfer Rücksicht nehmen!

BESONDERHEITEN/GEFAHREN: Der Eindruck täuscht, aber man sollte bei der Tauchgangsplanung die Höhenlage berücksichtigen.

TAUCHSCHULEN, FÜLLSTATIONEN, TAUCHINFOS: In vernünftiger Reichweite gibt es keine für Taucher interessante Infrastruktur. Die nächsten Tauchschulen und -shops sind in Kufstein. Flaschenfüllungen sind aber bei der örtlichen Feuerwehr möglich.

ARZT: • Dr. Georg Demoser, A-6391 Fieberbrunn, Tel.: 05354/64 40. Die nächste *Dekokammer* ist in Innsbruck.

SONSTIGE FREIZEITAKTIVITÄTEN: Schwimmen, Surfen, Angeln, Ruderboote, Reiten, Tennis, Radwandern, Fahrradverleih, Wandern (120 markierte Wanderwege), Kegeln

KULTURANGEBOTE: St. Adolari-Kapelle mit dem zweitältesten gotischen Freskenzyklus in Tirol, älteste Latschenölbrennerei der Welt

TOURISTENINFO: • Gästeverkehrsverband St. Ulrich am Pillersee, Dorfstr. 15, A-6393 St. Ulrich, Tel.: 05354/881 92-0, Fax: 055354/887 27

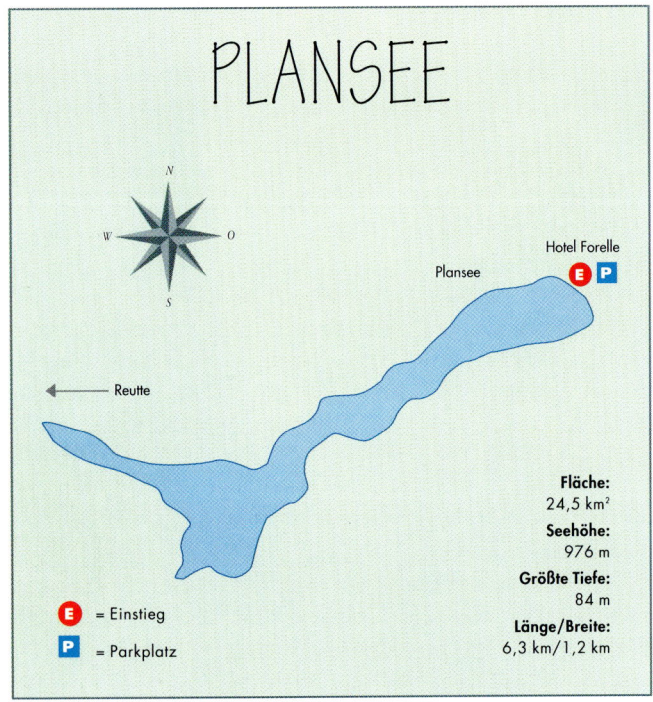

ZUFAHRT: Von der BRD (entweder über Kempten, Pfronten und den Grenz-übergang Schönbichl oder über Füssen) auf der Bundesstraße B314 bis Reut-te und Plansee; von der BRD aus Richtung Garmisch-Partenkirchen über Ehr-wald auf der B187 bis Lermoos, weiter auf der B314 Richtung Reutte bis zum Plansee; aus Österreich (egal, aus welchem Teil) die Inntalautobahn A12 bis Abfahrt Imst, weiter auf der B189 bis Nassereith, dann weiter auf der B314 über den Fern-paß über Reutte Richtung Plansee.

ALLGEMEINE BESCHREIBUNG: Der Plansee ist ein kaltes, aber schönes Gewäs-ser, das im Sommer Sichtweiten von 18 bis 20 m bieten kann. Der See ist nicht nur sehr klar, er hat auch Trinkwasserqualität. Landschaftlich ist die Gegend um den Plansee sehr reizvoll. Die Beherbergungsbetriebe direkt am See sind sehr taucherfreundlich, besonders geeignet das Hotel Forelle, weil dort auch zwei der drei besten Einstiege sind. Der Plansee zählt nicht gerade zu den wärmsten Seen Tirols, er ist im Schnitt 16˚C kühl, kann sich aber im Hoch-sommer auf stolze 19–20˚C erwärmen.

BESTE TAUCHZEITEN: Die beste Sicht (bis zu 20 m horizontal) hat man im Sommer.

FISCHE: Forelle, Saibling, Barsch

PFLANZEN: Nichts Erwähnenswertes

TAUCHGEBIETE: Entlang der Straße am Nordufer

BESONDERS INTERESSANT: Nahe dem Hotel Forelle (Heiterwang, Ortsteil Am Plansee, in der nordöstlichen See-Ecke) ist eher flach und deshalb auch für weniger geübte Taucher geeignet. An der Bucht unterhalb des Hotels Forelle die sogenannte „Krebswand". Etwa in der Seemitte eine Stelle zum Tieftauchen.

TAUCHVERBOTE/SCHUTZZONEN: Im Plansee ist das Tauchen generell nur mit einer Einzeltauchgenehmigung erlaubt. Man erhält diese im Hotel Forelle am Plansee (Tel.: 05672/81 13-0). Eine Tageskarte kostet öS 110,–, die Saison-karte öS 680,–. Um eine Tauchgenehmigung zu bekommen, muß man ein Bre-vet vorlegen können. Die Tauchsaison beginnt am 1. Mai und endet am 31. Oktober. Im Winter ist das Tauchen verboten.

BESONDERHEITEN/GEFAHREN: Bitte unbedingt die geänderten Nullzeiten (Bergsee) beachten! Achtung vor Linienschiffen, Segelbooten und Surfern!

TAUCHSCHULEN, FÜLLSTATIONEN, TAUCHINFOS: • Sporthotel Urisee, Tauch-basis, Füllstation, Geräteverleih • Tauchschule Brigitte und Peter Kuzmiak, A- 6600 Reutte, Tel.: 05672/23 01, Fax: 05672/23 01-4 • Flaschenfüllungen auch bei der Wasserrettung in Reutte.

ARZT: Am nächsten liegt das • Bezirkskrankenhaus Reutte (die Rettungsleit-stelle im Hotel Forelle verständigt im Notfall den richtigen Arzt). Die nächste *Dekokammer* steht in Innsbruck.

SONSTIGE FREIZEITAKTIVITÄTEN: Schwimmen, Angeln (nur mit der Genehmi-gung des Hotels), Ruderboote, Tretboote, Segeln, Surfen, Linienschiffahrt, Mountainbiking, Radwandern, Fahrradverleih, Reiten, Alpinschule, geführte Höhenwanderungen, Wandern, Klettern, Bergsteigen, Bergwandern, Mini-golf, Tennis, Squash, Segelfliegen, Paragleiten, Rafting, Hallenbad, Fitneßcen-ter; im Winter: Alpinschi, Langlauf, Eislaufen, Eisschießen

KULTURANGEBOTE: barocke Dorfkirchen in der Um-gebung, Heimatmuseum, Platzkonzerte, jedes Jahr drei Wochen im Herbst Kulturzeit in Reutte, Tiro-ler Abende, Ausflüge nach Stift Stams, Innsbruck und Schloß Ambras bei Inns-bruck

TOURISTENINFO: • Touris-musverband Reutte und Um-gebung, Postfach 150, A-6600 Reutte, Tel.: 05672/23 36, Fax: 05672/54 22

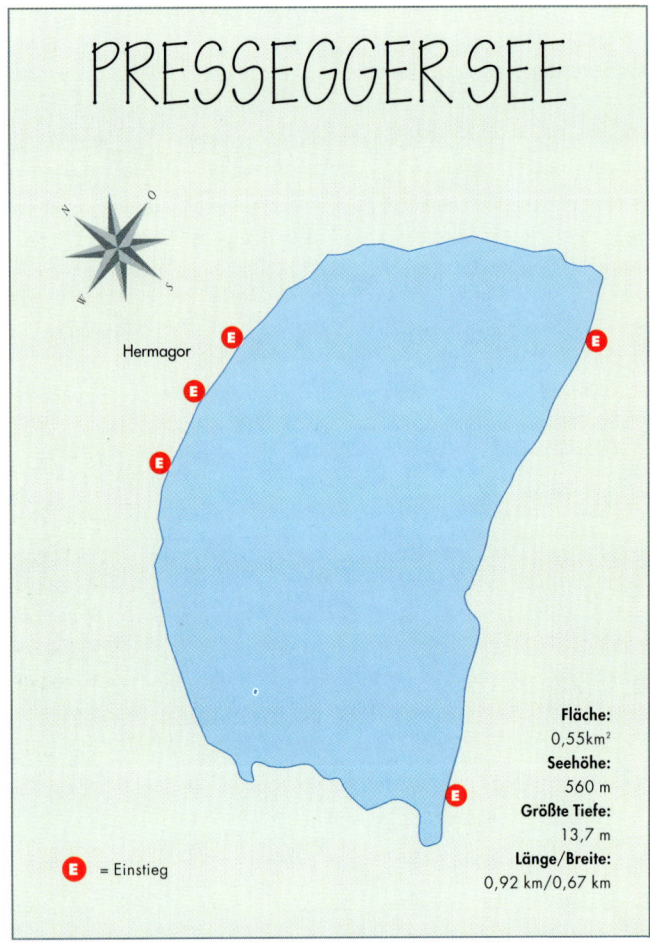

Hermagor

Fläche:
0,55km²
Seehöhe:
560 m
Größte Tiefe:
13,7 m
Länge/Breite:
0,92 km/0,67 km

E = Einstieg

ZUFAHRT: Von Ostösterreich auf der A2 über Völkermarkt, Klagenfurt und Villach bis Abfahrt Arnoldstein, dort auf die Bundesstraße B111 Richtung Feistritz an der Gail wechseln, auf der B111 (Karnische Dolomitenstraße) im Gailtal nach Hermagor; von der BRD, Salzburg, Oberösterreich auf der A10 (Tauernautobahn) bis Knoten Spittal-Greifenburg, zum Weißensee, ins Gitschtal und Gailtal bis Hermagor. Eine landschaftlich besonders reizvolle Routenvariante führt von München über die Großglockner Hochalpenstraße (mautpflichtig)-Heiligenblut-Winklern-Iselsberg nach Oberdrauburg und weiter ins Gailtal; von Tirol auf der A13 (Brennerautobahn) über den Brenner (Staatsgrenze), weiter auf der E6 (italienisches Staatsgebiet) bis Abfahrt Franzensfeste (Fortezza), weiter auf der SS49 Richtung Bruneck (Brunico) über die Staatsgrenze nach Österreich bei Arnbach, weiter über Lienz (Osttirol), Kötschach nach Hermagor.

ALLGEMEINE BESCHREIBUNG: Ein besonders warmer Badesee in der Karnischen Region im Gailtal (im Sommer erreicht das Wasser an der Oberfläche 28°C). Am West- und Ostufer dieses Flachlandsees begegnet man einem dichten und breiten Schilfgürtel. Das grüne Wasser des Presseger Sees hat Trinkwasserqualität. Die Sicht ist dementsprechend gut: die Sichttiefe im Schnitt 6 m. Am Presseger See liegt auch der wahrscheinlich berühmteste Campingplatz Mitteleuropas: Camping Schluga.

BESTE TAUCHZEITEN: Frühjahr und Herbst, im Sommer Algenblüte (Panzeralgen, Grünalgen), daher schlechtere Sichtbedingungen

FISCHE: Eine beachtliche Artenvielfalt! Aitel, Güster, Karpfen, Laube, Rotfeder, Schleie, Hecht, Aalrutte, Barsch, Zander, Wels

PFLANZEN: Weiße Seerosen, gelbe Teichrosen, Teichkraut, Tausendblatt, Armleuchteralge, Laichkräuter

TAUCHGEBIETE: Einstiege von den öffentlichen Strandbädern, und zwar Hermagor-Presseger See (Eintritt), Presseggen-Görtschach (Eintritt), Krieber und das Seebad Tatschl am Nordufer, dort auch das Schlugabad mit FKK, und zwei am Südrand: Strandbäder Paßriach, Seerose und Oswald.

BESONDERS INTERESSANT: Dieser nicht sehr tiefe und helle See bietet sich mit seinem Fisch- und Pflanzenreichtum geradezu an, um kunstvolle UW-Fotos zu schießen.

TAUCHVERBOTE/SCHUTZZONEN: Bitte Rücksicht auf die Badegäste (sehr viele Kinder) nehmen! Keine Kompressoren erlaubt!

BESONDERHEITEN/GEFAHREN: Keine besonderen

TAUCHSCHULEN, FÜLLSTATIONEN, TAUCHINFOS: Keine Tauchschulen oder -basen am See, Flaschenfüllung bei der Freiwilligen Feuerwehr in Hermagor, Tel.: 04282/23 00.

ARZT: • Dr. Klaus Beer, A-9620 Hermagor, Tel.: 04282/24 80 • Dr. Werner Edthofer, A-9620 Hermagor Rathaus, Tel.: 04282/20 46 • Dr. Hans Peter Harrer, A-9620 Hermagor, Tel.: 04282/27 70 • Dr. Irene Harrer, A-9620 Hermagor, Tel.: 04282/27 70 • Dr. Gerd Köhler (Unfallchirurg), A-9620 Hermagor, 04282/33 59. Die nächste *Dekokammer* ist in Graz.

SONSTIGE FREIZEITAKTIVITÄTEN: Angeln, Schwimmen (in Kötschach-Mauthen auch Hallenbad), Surfen, Ruder- und Tretbootverleih, Rafting und Wasserwandern auf der Gail, Riesenwasserrutsche und Kinderland im Seebad Tatschl, Tennis, Squash, Radfahren und -wandern (150 km beschilderte Radwege!), Mountainbiking, Sessellift „Gartnerkofel" auf die Sonnenalpe Naßfeld, Kegeln, 1. Kärntner Erlebnispark (Wassersport), Schnupperklettern am Naßfeld, Reiten (Ponys, Haflinger, Warmblüter), Ausflug zur Ragga-Schlucht, für Kinder: Zwergenpark Gurktal

KULTURANGEBOTE: Pfarrkirche Hermagor mit Wolkensteiner Kapelle mit Flügelaltar um 1500, Gailtaler Dom in Kötschach-Mauthen (spätgotische dreischiffige Hallenkirche), Gailtaler Heimatmuseum im Schloß Möderndorf in Hermagor, Bergwerksmuseum Terra Mystica in Bad Bleiberg, Freilichtmuseum und Museum Plöckenpaß mit den Originalstellungen der Österreicher und Italiener aus dem 1. Weltkrieg

TOURISTENINFO: • Tourismusverband Karnische Region, A-9620 Hermagor, Tel.: 04282/31 31, Fax: 04282/20 43-50 • Verkehrsamt der Stadtgemeinde Hermagor, A-9620 Hermagor, Tel.: 04282/20 43-0, Fax: 04282/20 43-50

Die Kunst des Scheiterns

*Sport kann demütigen, und wie.
Acht ironische Geschichten über
kleine, beißende Niederlagen.*

HELMUT A. GANSTERERs einziger *Triumph*

HEINZ HONIES beim *Tennis*

HERBERT HUFNAGL im *Sportrausch*

ADI KORNFELD über *Golf*

ROBERT SPERL und der *Triathlon*

MARGA SWOBODA beim *Schifahren*

ARMIN THURNHER über die *Last der Jahre*

REINHARD TRAMONTANA und der *Fußball*

Ein "H°E°R°A°N°T" -Buch, erhältlich im guten Buchhandel.

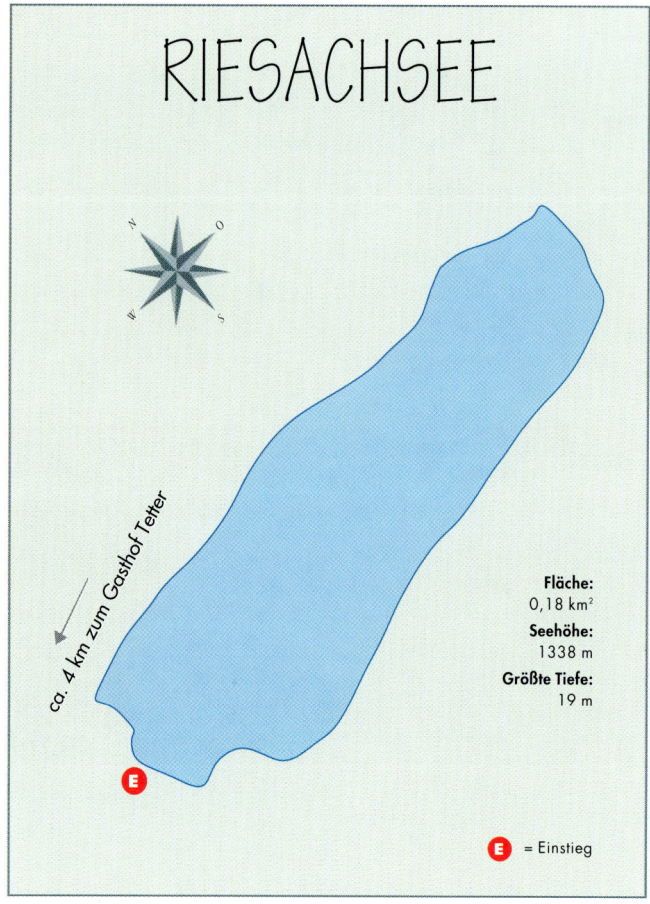

RIESACHSEE

ca. 4 km zum Gasthof Tetter

Fläche:
0,18 km²
Seehöhe:
1338 m
Größte Tiefe:
19 m

E = Einstieg

ZUFAHRT: Aus der BRD: über Salzburg auf der Tauernautobahn A10 bis zum Knoten Ennstal, weiter auf der B99 bis Radstadt, anschließend auf der B146 bis Schladming und von dort nach Rohrmoos-Untertal, dort nach Süden abbiegen und 9 km bis zum Riesachsee; von Westösterreich über Kitzbühel auf der B161 bis Mittersill, dann auf der B168, bis kurz vor Zell/See die B311 mündet, weiter auf der B311 bis St. Johann/Pongau, von da auf der Landesstraße 163 bis zur Einmündung in die B146, dieser folgen bis Schladming, dann weiter wie oben; von Ostösterreich auf der Westautobahn A1 bis zum Voralpenkreuz, dann auf der Pyhrnautobahn A9 bis zur Abfahrt Spital/Pyhrn, dann auf der B138 (über den Pyhrnpaß) bis Liezen, dort auf die B146 bis Schladming und weiter wie oben; oder über die Südautobahn A2 und die Semmering-Schnellstraße S6 bis St. Michael in der Obersteiermark und weiter nach Liezen und dann wie oben;

von Südösterreich auf der Tauernautobahn A9 bis zum Knoten Ennstal und weiter wie oben. Eine direkte Zufahrt zum Riesachsee mit dem eigenen Auto ist nicht möglich. Man kann mit dem Wagen zwar im Untertal 9 km weit hinauffahren, dort, bei der (bewirtschafteten) Unteren Gföller Alm, ist ein Parkplatz. Ab da muß man mit einem Fußmarsch von rund 45 Minuten rechnen, um zum Riesachsee zu kommen. Der Gasthof Tetter im Untertal bietet den Tauchern eine Transportmöglichkeit zum Riesachsee.

ALLGEMEINE BESCHREIBUNG: Der Riesachsee liegt oberhalb des berühmten Riesachfalls, des höchsten Wasserfalles der Steiermark. Er liegt bei der Oberen Gföller Alm in einer bemerkenswerten Almlandschaft. Aufmerksame Betrachter können im Untertal, das direkt zum See führt, einzigartige Naturbesonderheiten entdecken, wie z.B. den Todteisboden mit seinen Zwergbirken, das Tettermoor oder die Säulenfichten direkt am Riesachsee. Das Wasser ist – außer zu Zeiten der Schneeschmelze – glasklar und durchsichtig, allerdings aufgrund der extremen Höhenlage sehr kalt (kaum jemals mehr als 14˚C). Es handelt sich um einen richtigen Almsee, natürlich mit einer zünftigen Hütte am Ufer. Der Riesachsee befindet sich im Privatbesitz der Familie Meißnitzer vom Gasthof Tetter.

BESTE TAUCHZEITEN: Nur im Sommer

FISCHE: Seeforelle

PFLANZEN: Kein nennenswerter Bewuchs

TAUCHVERBOTE/SCHUTZZONEN: Kein Tauchverbot, keine Schutzzonen. Es ist jedoch notwendig, sich im Gasthof Tetter in Untertal 24 (Tel.: 03687/611 30) bei Herrn Hermann Meißnitzer anzumelden. Die Tauchgenehmigung kostet pro Person und Tag öS 200,–. Die Mindestgröße einer Tauchergruppe beträgt 3 Personen. Vom Gasthof werden die Taucher mit einem Auto bis zum See gebracht.

BESONDERHEITEN/GEFAHREN: Trotz seiner relativ geringen Tiefe bietet der Riesachsee ein Hochgebirgs-Taucherlebnis pur, allerdings sollte die Tauchgangsplanung wegen der extremen Höhenlage und der Kälte des Wassers besonders exakt durchgeführt werden.

TAUCHSCHULEN, FÜLLSTATIONEN, TAUCHINFOS: • Gasthof Tetter, A-8970 Untertal 24, Tel.: 03687/611 30, Fax: 03687/611 30-13. Flaschen kann man bei der Feuerwehr in Schladming füllen lassen.

ARZT: • Diakonissen-Krankenhaus Schladming, A-8970 Schladming, Tel.: 03687/225 69-0. Die nächste *Dekokammer* ist in Graz.

SONSTIGE FREIZEITAKTIVITÄTEN: Wandern, Bergsteigen, Tennis, Fahrradverleih, Mountainbiking, Angeln, Reiten (Haflinger), Paragleiten, Rafting, Canyoning, Pferdekutschenfahrten

KULTURANGEBOTE: Schladminger Pfarrkirche zum Hl. Achatius (kath.) mit spätromanischem Turm, Hochaltar aus dem 18. Jh., Votivbild für Matthias Katzpeck – eines der schönsten Epitaphien aus der Reformationszeit, Teil eines Flügelaltars aus der Reformationszeit in der evang. Kirche von Schladming, Stadtgemeindeamt, erbaut von Prinz August von Sachsen-Coburg-Gotha im Stil der englischen Gotik, Bruderlade, ehemaliges Kranken- und Versorgungshaus für die Knappen aus 1661 (heute Museum), Reste der Stadtmauer von Schladming von 1629, Bürgerschafts-Burgfriedstein von 1588 in Schladming, Pfarrkirche Hl. Nikolaus in Assach aus der 2. Hälfte des 15. Jh. mit berühmter Schutzmantelmadonna

TOURISTENINFO: • Tourismusverband Rohrmoos-Untertal, A-8970 Rohrmoos, Tel.: 03687/611 47-0, Fax: 03687/611 47-13 • Regionalverband Dachstein-Tauern, A-8970 Schladming, Tel.: 03687/233 10, Fax: 03687/232 32

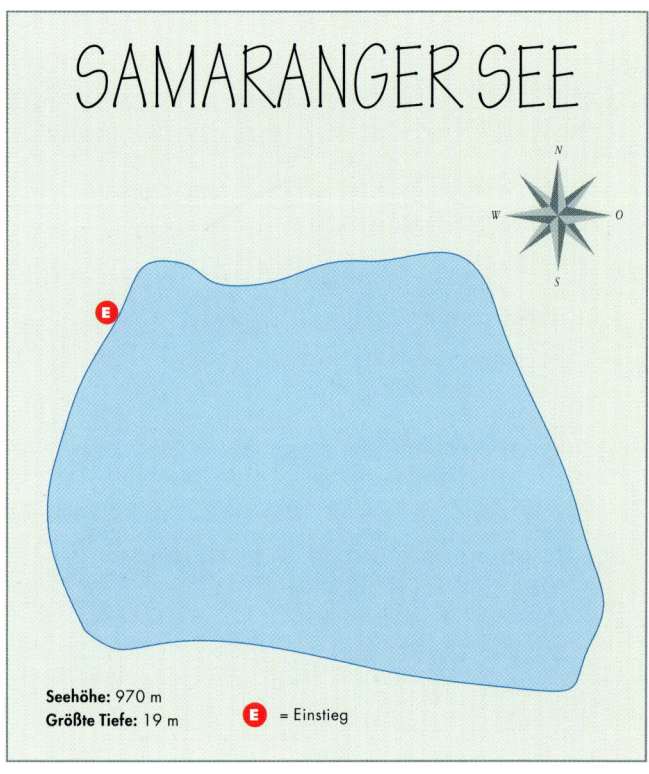

Seehöhe: 970 m
Größte Tiefe: 19 m

E = Einstieg

ZUFAHRT: Von der BRD (entweder über Kempten, Pfronten und den Grenz-übergang Schönbichl oder über Füssen) auf der Bundesstraße B314 bis Reut-te, weiter über den Fernpaß; von der BRD aus Richtung Garmisch-Partenkir-chen über Ehrwald auf der B187 bis Lermoos, weiter auf der B314 Richtung Reutte und weiter über den Fernpaß; aus Österreich (egal, aus welchem Teil) auf der Inntalautobahn A12 bis Abfahrt Imst, auf der B189 bis Nassereith, dann weiter auf der B314 bis Fernstein.

ALLGEMEINE BESCHREIBUNG: Der Samaranger See ist ein klarer und kalter typischer Bergsee, einer der saubersten und klarsten im gesamten Alpen-raum. Eistauchen ist möglich, allerdings erst ab März. Bis dahin hat das Hotel Schloß Fernsteinsee Wintersperre.

BESTE TAUCHZEITEN: Die besten Sichtweiten gibt es im Frühjahr und im Herbst, bis zu sensationellen 80 m: man kann dann manchmal von einem Ufer bis zum gegenüberliegenden sehen.

FISCHE: Forelle

PFLANZEN: Ein Unterwasserwald mit üppigem Algenbewuchs

TAUCHGEBIETE: Nur ein Einstieg (siehe Skizze)

BESONDERS INTERESSANT: Forellenschwärme und umgestürzte Bäume als Fotomotive

TAUCHVERBOTE/SCHUTZZONEN: Der Samaranger See befindet sich im Privatbesitz der Familie Köhle, den Eigentümern des Hotel Schloß Fernsteinsee. Tauchen ist im Samaranger See nur für Hotelgäste mit Halbpension erlaubt. Um eine Tauchgenehmigung zu bekommen, muß man zusätzlich ein PADI-OW-Brevet oder 1* VIT-Brevet oder 1* CMAS-Brevet samt Logbuch vorweisen.

BESONDERHEITEN/GEFAHREN: Bitte unbedingt die geänderten Nullzeiten (Bergsee) beachten!

TAUCHSCHULEN, FÜLLSTATIONEN, TAUCHINFOS: Füllstation und Trockenraum befinden sich im • Hotel Schloß Fernsteinsee, Fam. Köhle, A-6465 Nassereith, Tel.: 05265/52 10, Fax: 05265/521 74

ARZT: • Dr. Peter Mayer, A-6465 Nassereith, Tel.: 05265/57 34, (Erfahrung bei Tauchunfällen). Die nächste *Dekokammer* ist in Innsbruck.

SONSTIGE FREIZEITAKTIVITÄTEN: Schwimmen (Hallenbad im Ort), Angeln (nur mit der Genehmigung des Hotels), Rudern, Rafting, Mountainbiking, Fahrradverleih, Radwandern, Reiten, geführte Höhenwanderungen, Wandern (40 km markierte Wanderwege), Klettern, Bergsteigen, Bergwandern, Tennis; im Winter: Alpinschi, Langlauf, Eislaufen, Eisschießen

KULTURANGEBOTE: romantische Burgruine am benachbarten Fernsteinsee (Sigmundsburg), barocke Dorfkirchen in der Umgebung, Tiroler Abende, Stift Stams (mit landesfürstlicher Gruft), die Stadt Innsbruck, Schloß Ambras bei Innsbruck (eines der schönsten Renaissanceschlösser Österreichs)

TOURISTENINFO: • Tourismusverband Nassereith, A-6465 Nassereith am Fernpaß/Tirol, Tel.: 05265/52 53, Fax: 05265/57 41

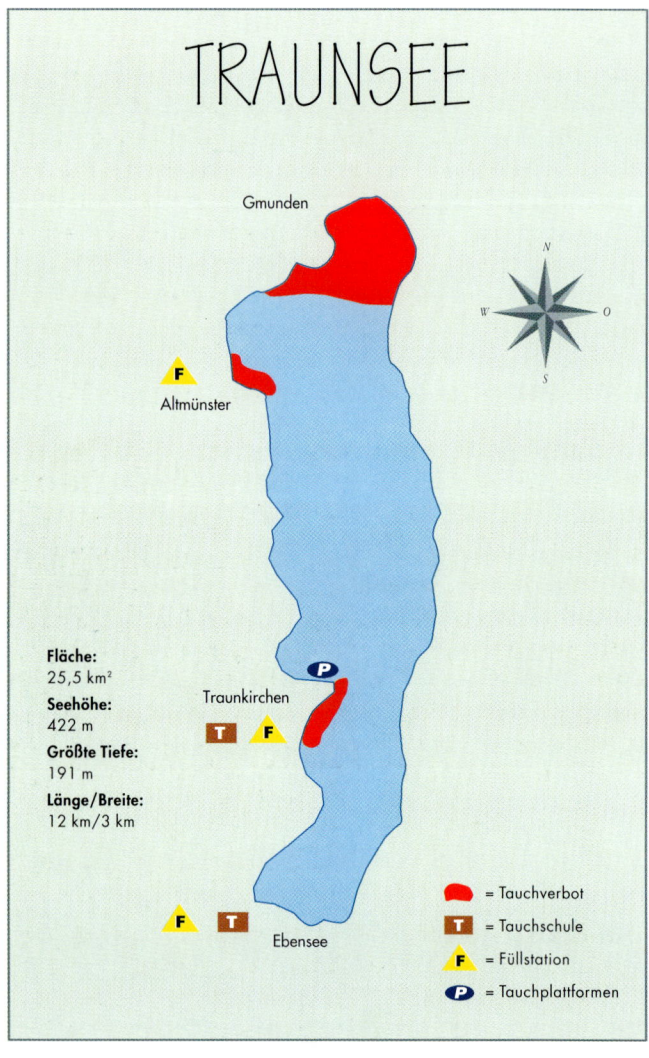

TRAUNSEE

Gmunden

Altmünster

Fläche:
25,5 km²
Seehöhe:
422 m
Größte Tiefe:
191 m
Länge/Breite:
12 km/3 km

Traunkirchen

Ebensee

= Tauchverbot
T = Tauchschule
F = Füllstation
P = Tauchplattformen

ZUFAHRT: Vom Westen: auf der A1 (Westautobahn) Richtung Linz bis Abfahrt Regau, dann auf der B145 nach Gmunden; von Osten auf der A1 (Westautobahn) Richtung Salzburg bis Abfahrt Regau, weiter wie oben; aus der BRD: entweder über Salzburg auf der A1 Richtung Linz, weiter wie oben, oder über Passau und die A8 (Innkreisautobahn) bis Ort im Innkreis, abzweigen auf die B143 über Ried im Innkreis bis Vöcklabruck, dann auf der B145 über Unterregau nach Gmunden.

ALLGEMEINE BESCHREIBUNG: Der Traunsee ist in einem wildromantischen

Gebirgsszenario gelegen. Er ist der zweitgrößte und tiefste See des Salzkammergutes. Für den geübten Taucher ist er ein Eldorado. Besonders entlang des praktisch nur vom Wasser her zugänglichen Ostufers locken am Fuße des Traunsteins phantastische Steilwände. Im nördlichen, flachen Teil mit Sedimentterrassen findet man sogar Süßwasserschwämme. Im Winter friert der Traunsee zumindest teilweise dick zu. Aufgrund der großteils steil abfallenden Ufer kann der Traunsee nur wirklich geübten und sicheren Tauchern empfohlen werden. Anmeldung bei der Tauchschule Peter Gigl. Er führt auch zu Stellen, die hier aus Platzgründen nicht angeführt werden können.

BESTE TAUCHZEITEN: Zur Zeit liegen keine zeitlichen Beschränkungen vor, empfehlenswert sind aber das Frühjahr und dann wieder der Herbst. Zur Zeit der Schneeschmelze bringt die Traun, die entlang des Ostufers den See durchzieht, trübes Wasser mit sich, das die Sicht zum Teil erheblich – bis auf 3–5 m an der Oberfläche – einschränkt. Andererseits kann an guten Tagen (z.B. im Herbst) die Tiefensicht bis zu 12 m, die horizontale Sichtweite bis zu 15 m betragen. Im Sommer blüht der Traunsee – das beeinträchtigt die Sicht. Zum  UW-Fotografieren und -Filmen sollte man die späteren Nachmittagsstunden nützen. Im Traunsee gibt es so viele Fische, daß sich die Berufsfischerei lohnt. Besonderheit für Kältefeste: Im Winter offeriert die Tauchschule Gigl ein Silvesterpaket (9 Übernachtungen) mit geführten Eistauchgängen.

FISCHE: Barsch, Schleie, Reinanke, zahllose Elritzen (lassen sich anfüttern), Schwärme von Brachsen, weniger leicht zu entdecken: Hecht und Weißfisch.

PFLANZEN: Stellenweise Unterwasserwald, in Uferzonen teilweise reichlicher Bewuchs, an manchen Steilabfällen Muscheln oder auch (seltener) Süßwasserschwämme.

TAUCHGEBIETE: Bereich Gmunden-Altmünster: das Gebiet südlich des Strandbades Altmünster bis zum sogenannten Hollereck; Bereich Altmünster-Traunkirchen: Zone zwischen Pührer und Hotel Traunsee; Bereich Traunkirchen-Ebensee-Ostufer: vom südlichen Ende des Ortsgebiets von Traunkirchen über

Ebensee entlang des Ostufers bis zum Haus Traunsteinstr. 30 in Gmunden. Der Bereich unmittelbar vor dem Ort Ebensee ist weniger empfehlenswert.

BESONDERS INTERESSANT: *Hotel Traunsee:* Taucherhotel mit allem, was das Herz des Anfängers und auch des erfahrenen Tauchers begehrt: drei Plattformen in 5, 10 und 30 m Tiefe. Links vom Hotel interessante Steilwand, direkt vor dem Hotel kleiner Überhang; *Madonna:* direkt an der Traunseeuferstraße liegt am Fuß der beiden Sonnsteine ein kleiner Vorsprung mit einer Madonnenstatue, dort gibt es eine Steilwand bis zu einem Plateau auf 20 m Tiefe, danach fällt die Steilwand ab auf 120 m; direkt an der Traunseeuferstraße gelegen, eine koupierte Steilwand, die bis ca. 120 m abfällt; *Weißer Steinbruch:* senkrecht abfallende Steilwand, die bis in 140 m Tiefe abfällt (an der straßenlosen Ostseite, nur mit dem Motorboot zu erreichen); *Eisenau:* wunderschöne kleine Bucht mit glasklarem Wasser, schräg vis-à-vis Hotel Traunsee. Dort gibt es Überhänge nur 1 m unter der Wasseroberfläche. In südlicher Richtung (nach links) in etwa 20 m Tiefe das Wrack eines versunkenen Arbeitsschiffs (an der straßenlosen Ostseite, nur mit dem Motorboot zu erreichen); *Karbach:* Halbinsel mit einem romantischen Gasthaus darauf, im Bereich der Anlegestelle flachere Bereiche, gleich anschließend kleinere Steilwände und Überhänge, die dicht mit Dreikantmuscheln bewachsen und auch für Anfänger gut geeignet sind, zahlreiche Baumstämme (an der straßenlosen Ostseite, nur mit dem Motorboot zu erreichen); *Rötelsee:* einziger Höhlensee Österreichs, der einen Namen trägt. Der Rötelsee ist etwa 40 m lang und rund 4 m tief. Er liegt in einer sehr schönen Höhle im Berg von Karbach und ist nur über einen ziemlich schwierigen Steig in der

Steilwand (nach einer Bootsfahrt) erreichbar. Der Eingang liegt in ca. 40 m Höhe über dem See. Achtung: nur für geübte und vor allem für schwindelfreie Taucher! Es ist nämlich kein Kinderspiel, die gesamte Ausrüstung über ein sehr schmales Felsband nach oben schleppen zu müssen. Und Höhlentauchen erfordert nun einmal auch besondere Vorkenntnisse.

TAUCHVERBOTE/SCHUTZZONEN: Tauchen ist grundsätzlich erlaubt. Achtung: Kulturzonen sind Sperrzonen (siehe Skizze)! Kulturzonen sind: die nördliche Bucht von Gmunden, der Bereich Hollereck vor der Landwirtschaftsschule südlich von Altmünster und das Ufer vor der Halbinsel der Gemeinde Traunkirchen.

BESONDERHEITEN/GEFAHREN: Besondere Vorsicht vor den Linien- und Ausflugsschiffen, Achtung auch vor dahinrasenden Motorbooten, vor Seglern und Surfern – Taucherbojen sind unbedingt anzuraten! Schon ab etwa 10 m Tiefe wird der See empfindlich kalt.

TAUCHSCHULEN, FÜLLSTATIONEN, TAUCHINFOS: • Wassersportzentrum Ebensee, Füllstation, Tauchschule, Peter Gigl, Strandbadstr. 12, A-4802 Ebensee, Tel. und Fax: 06133/63 81, Mobil-Tel.: 0663/88 81 02 • Taucherhotel Traunsee, Tauchschule Peter Gigl, Füllstation, Tauchschule, Tauchbasis, Tauchgeräteverleih, Bootsfahrten zu den Tauchplätzen des Ostufers, A-4801 Traunkirchen, ganzjährig geöffnet, täglich von 10–20 Uhr, Tel.: 07617/22 16 Mobil-Tel.: 0663/88 81 02 • Union-Tauchclub Traunsee, Flaschenfüllungen, Geräteverleih, Schnuppertauchen, Tauchexkursionen, A-4813 Altmünster, Tel.: 07612/39 87 oder 85 22

ARZT: • Dr. Günther Junk, Tel.: 07617/22 50, Mobil-Tel.: 0663/917 82 39. Die nächsten *Dekokammern* sind in Graz und München.

SONSTIGE FREIZEITAKTIVITÄTEN: Schwimmen (Strandbäder in allen Orten, Hallenbad in Ebensee), Angeln, Schiffsführerkurs, Segeln, Surfen, Wasserschi (in allen Orten), Bootsverleih (Segel-, Ruder-, Tret- und Elektroboote), Privat-Motorboote erlaubt, Linien- und Rundfahrtschiffe der Traunseeflotte (Mitte Mai bis Ende September), Radtouren (Fahrradverleih), Mountainbiking, Wan-

dern (100 km markierte Wanderwege, auch geführte Wanderungen), Berg-
steigen, Flußwandern auf der Traun mit großen Schlauchbooten, Rafting, Rei-
ten (in Altmünster und Ebensee, Araberpferde und Haflingergestüt), Tennis,
Squash, Drachenfliegen, Minigolf, Gartenschach, Jagd (von Anfang August bis
Ende Dezember, Jagderlaubnis bei der Forstverwaltung Ebensee), Kleinkali-
bergewehrschießen (von Anfang Mai bis Ende Oktober auf der Schießstätte
Rindbach), Pferdekutschenfahrten, Fitneßcenter in Gmunden und Ebensee,
Langlauf, alpiner Schilauf, Rodeln, Kunsteisbahn in Gmunden, diverse Kuren
(Gmunden), Fahrt mit dem längsten Sessellift Europas auf die Tauplitzalm,
Ausflug auf den Feuerkogel (von Ebensee mit der modernsten und schnell-
sten Seilbahn Österreichs), Ausflüge zu diversen Bergseen der Umgebung
(z.B. Langbathseen, Gosausee)

KULTURANGEBOTE: Barocke Pfarrkirche von Traunkirchen mit berühmter
holzgeschnitzter Fischerkanzel eines unbekannten Meisters aus dem Jahr

1753; Odinstein (heute Johannesberg,
ein uralter Kultfelsen in der Ortsmitte
von Traunkirchen, mit Kapelle, in der ein
Knorpelwerksaltar und ein sehenswertes Gemälde eines niederländischen Manieristen stehten); älteste
Kalvarienbergkapelle des Salzkammergutes (1699) in Traunkirchen;
Fronleichnamsprozession auf dem See
(seit 1632 jedes Jahr); Pfarrkirche Altmünster; Gmunden (Schloß Ort, Altstadt, Rathaus mit Keramikglockenspiel, Pfarrkirche mit Dreikönigsaltar
von Th. Schwanthaler); Gmundner
Keramikfabrik, Kammerhofmuseum
(Gmunden); Heimathaus Ebensee (Museum); Besichtigung der Bleikristallschleiferei in Ebensee; Besichtigung der Solvay-Werke in Ebensee;
Gassel-Tropfsteinhöhle bei Ebensee (1. Mai bis 15. September); Rindbachwasserfall; Ausflug nach Bad Ischl (mit Kaiservilla, der Sommerresidenz Kaiser
Franz Josefs I., Salzbergwerk); Ausflug zur Burggrabenklamm (schöner Wasserfall);
Dachstein-Eishöhlen und Mammuthöhlen (erreichbar mit Dachsteinbahn von
Obertraun/Hallstätter See); Hallstatt mit prähistorischem Museum, barockem
Beinhaus und Erlebnis-Salzbergwerk; Mondsee mit Basilika und Pfahlbaumu-
seum; St. Wolfgang – berühmter Wallfahrtsort mit gotischer Hallenkirche und
Pacheraltar, Pilgerbrunnen und Schmerzensmann, Hotel „Weißes Rössl"; Stift
Kremsmünster (777 gegründet, mit dem berühmten Tassilokelch); Mozart-
stadt Salzburg

TOURISTENINFO: • Tourismusbüro der Kurstadt Gmunden, A-4810 Gmunden, Tel.: 07612/43 05, Fax: 07612/714 10 • Tourismusverband Altmünster, A- 4813 Altmünster am Traunsee, Tel.: 07612/86 11-40, Fax: 07612/86 11-34 • Tourismusverband Traunkirchen, A-4801 Traunkirchen am Traunsee, Tel.: 07617/22 34, Fax: 07617/334 • Tourismusverband Ebensee, A-4802 Ebensee am Traunsee, Tel.: 06133/80 16, Fax: 06133/562

TURRACHER SEE

Fläche: 0,2 Km²
Seehöhe: 1763 m
Größte Tiefe: 33 m
Länge: 2 km

= Tauchgebiet

= Parkplatz

ZUFAHRT: Von Westösterreich und aus der BRD auf der A1 bis Salzburg, dann auf der Tauernautobahn A10 bis zur Abfahrt St. Michael/Lungau, weiter auf der B99 und der B96, die knapp vor Tamsweg in die B95 mündet; von Tamsweg weiter auf der B95 bis Predlitz und auf die Turracher Höhe; von Ostösterreich empfiehlt sich die A2 bis Klagenfurt, wo man auf die B95 abfährt und über Feldkirchen und Patergassen und Ebene-Reichenau (immer auf der B95) die Turracher Höhe erreicht.

ALLGEMEINE BESCHREIBUNG: Im Bereich der Turracher Höhe, eines in den Gurktaler Alpen liegenden Paßübergangs, der Kärnten mit der Steiermark verbindet, liegt, umrahmt von den Nockbergen, der Turracher See. Die Ufer dieses lieblichen, birnenförmigen Sees sind vorwiegend durch Straßen- und Wegebau geprägt. Naturbelassene Ufer fehlen großteils. Aufgrund seiner Höhenlage ist der See mindestens 6 Monate im Jahr zugefroren. Eisdicken bis zu 1 m sind keine Seltenheit. Während des Sommers erwärmt sich der Turracher See nur mäßig. Die Oberflächentemperatur steigt nicht über 18°C Gespeist wird der See von zwei Zuflüssen, von denen einer, aus Westen kommend, in das südliche Seebecken mündet. Der zweite Zufluß mündet im Norden. Der Turracher See ist übrigens der einzige Kärntner See, der nicht in die Drau entwässert, sondern in die Turrach, die dann in die Mur mündet. Grundsätzlich ist sein Wasser sehr rein und durchsichtig. Als Besonderheit weist der Turracher See starke Pegelschwankungen auf – zwischen Herbst und Frühjahr bis zu 80 cm. Auch die Sichttiefe ist großen Schwankungen unterworfen: An guten Tagen beträgt sie bis zu 11 m, an schlechten etwa 2 m. Mehrere gastronomische Betriebe direkt am Ufer können als Taucherbasis dienen.

BESTE TAUCHZEITEN: Die beste Sicht herrscht im Herbst und im Sommer.

FISCHE: Elritze, Barsch, Bachforelle, Bachsaibling, Seeforelle, Seesaibling

PFLANZEN: Nichts Erwähnenswertes

TAUCHGEBIETE: Tauchen ist im Turracher See ohne Einschränkung und kostenlos erlaubt. Dennoch ersucht das örtliche Touristikbüro aus Sicherheitsgründen (hochalpine Lage!) um eine Anmeldung. Einstiege sind praktisch überall möglich, da der See straßenmäßig sehr gut erschlossen ist.

TAUCHVERBOTE/SCHUTZZONE: Keine Verbote, aber bitte Rücksichtnahme auf Angler und Badegäste.

BESONDERHEITEN/GEFAHREN: Extreme Höhenlage! Bei der Tauchgangsplanung unbedingt die extreme Höhenlage mitrechnen!

TAUCHSCHULEN, FÜLLSTATIONEN, TAUCHINFOS: In vernünftiger Reichweite gibt es weder Tauchschulen noch Tauchbasen oder Füllstationen. Die nächsten Tauchshops sind in Villach. Flaschen können aber bei den Feuerwehren der nahegelegenen Orte (z.B. Predlitz) gefüllt werden. Tauchinfos beim Turracher Tauchsport-Club (erreichbar über den Tourismusverein).

ARZT: • Dr. Balthasar Rauter, A-8862 Stadl/Mur (ca. 20 km), Tel.: 03534/24 19, Mobil-Tel.: 0663/913 05 07 • Dr. Arthur Raidel, A-9564 Patergassen (ca. 12 km), Tel.: 04275/231 • Dr. Erich Skribot, A-9546 Bad Kleinkirchheim (ca. 17 km), Tel.: 04240/410 • Dr. Eckart Waidmann, A-9546 Bad Kleinkirchheim, Tel: 04240/81 80, Mobil-Tel: 0663/84 19 48; Rettung mit ständigem Bereitschaftsdienst: • Johanniter Unfallhilfe, A-9564 Patergassen, Tel.: 04275/643, Notruf: 444 • Rotes Kreuz (Hubschrauber), Tel: 0463/17 77. Die nächste *Dekokammer* ist in Graz.

SONSTIGE FREIZEITAKTIVITÄTEN: Schwimmen, Angeln (Achtung: das Fischereirecht

hat die Fürst Schwarzenberg'sche Gutsverwaltung), Ponyreiten, Pony-kutschenfahrten, Reiten (Haflinger und Warmblüter), Tennis, Radwandern, Mountainbiking (Fahrradverleih), Golf (in Bad Kleinkirchheim), Wandern (Nationalpark Nockberge), Sommerrodelbahn, Kegeln, Asphaltstockschießen, Wildgehege, Doppelsesselbahn Kornock, Heimatabende

KULTURANGEBOTE: Mineralienmuseum Zirbenhof mit wunderschönen Kristallen und Fossilien, Kräuter-Lehr- und Schaugarten, jeden Freitag Bauernmarkt mit Bioprodukten

TOURISTENINFO: • Tourismusverein Turracher Höhe, A-8864 Turracher Höhe, Tel.: 04275/83 92-0 oder 83 93, Fax: 04275/83 92-10 (hier erhält man auch Auskunft über den Turracher Tauchsport-Club)

URISEE

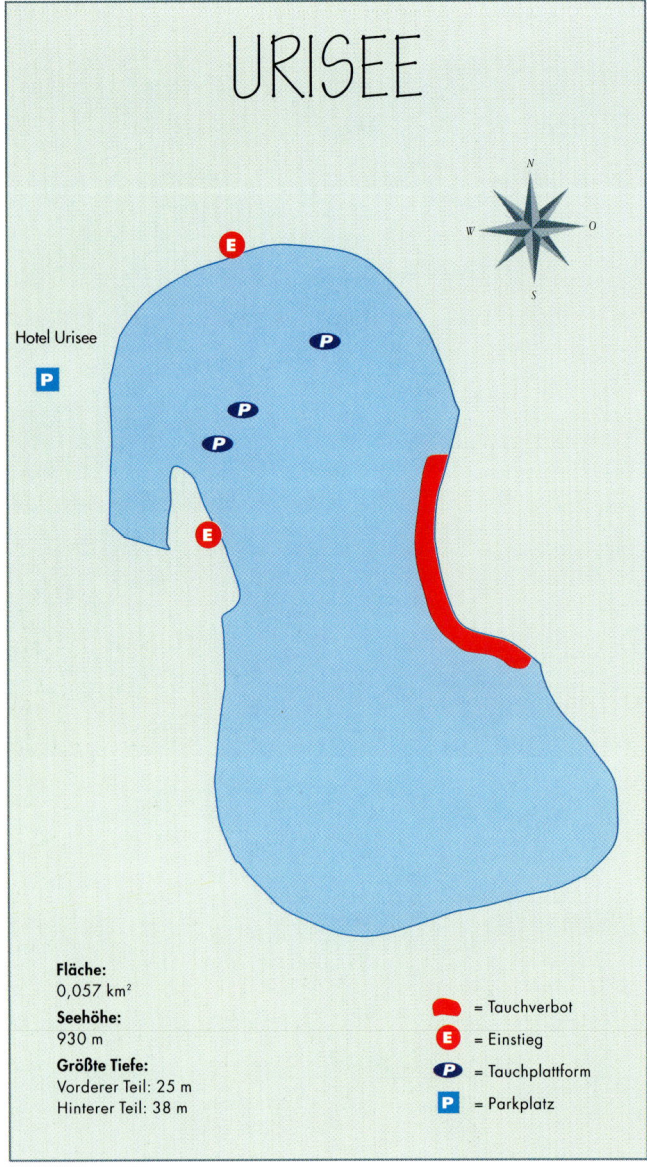

Hotel Urisee

Fläche:
0,057 km²
Seehöhe:
930 m
Größte Tiefe:
Vorderer Teil: 25 m
Hinterer Teil: 38 m

= Tauchverbot
E = Einstieg
P = Tauchplattform
P = Parkplatz

ZUFAHRT: Von der BRD (entweder über Kempten, Pfronten und den Grenz-übergang Schönbichl oder über Füssen) auf der Bundesstraße B314 bis Reut-te; von der BRD (aus Richtung Garmisch-Partenkirchen) über Ehrwald auf der B187 bis Lermoos, weiter auf der B314 Richtung Reutte; aus Österreich (egal, aus welchem Teil) die Inntalautobahn A12 bis Abfahrt Imst, weiter auf der B189 bis Nassereith, dann weiter auf der B314 über den Fernpaß bis Reutte.

ALLGEMEINE BESCHREIBUNG: Der Urisee liegt in dem Teil Tirols, der das Außerfern genannt wird; es umfaßt den politischen Bezirk Reutte, d.h. das Gebiet zwischen der Staatsgrenze bei Schattwald – das Tannheimer Tal – und Ehrwald bis zum Fernpaß und das gesamte Lechtal. Die idyllische Lage des Urisees inmitten von Wäldern, umrahmt von über 2.000 m hohen Bergen, und sein kristallklares Wasser locken seit Jahren viele Taucher an. Der See ist auch im Sommer recht kalt. Im Sommer kann es zu einer Senkung des Wasserspiegels (bis zu 6 m) kommen, und dann „teilt" sich der See in zwei Teile. Der vordere, seichtere Teil ist durch die Urifalle vom tieferen hinteren getrennt. Im Winter ist das Eistauchen möglich.

BESTE TAUCHZEITEN: Die besten Sichtweiten herrschen im Frühjahr vor der Schneeschmelze und im Herbst.

FISCHE: Forelle, Schleie, Barsch, Karpfen – das „Maskottchen" des Urisees ist

der uralte Karpfen Florian, der recht zutraulich ist; riesige grüne Süßwassermuscheln.

PFLANZEN: Ein überfluteter Wald mit einem sehr schönen Schleimalgenbewuchs (in ca. 6–15 m Tiefe)

TAUCHGEBIETE: Einstieg links und rechts am „Hotelufer", drei Ausbildungsplattformen

BESONDERS INTERESSANT: Die Urischlucht (das Uririff) ist eine Steilwand, die auf 38 m hinunterfällt. Der Urigraben ist ein Loch, das einige Meter in den Berg hineinführt (recht dunkel). Ein überfluteter Wald, dessen Bäume mit Algen bewachsen sind.

TAUCHVERBOTE/SCHUTZZONEN: Tauchen ist im Urisee nur mit Genehmigung gestattet. Diese wird im Hotel Urisee ausgestellt (Kosten: öS 84,– pro Tag, Hotelgäste gratis). Im Sommer wird der Tauchbetrieb eingeschränkt, sodaß nur Hotelgäste tauchen dürfen. Im Bereich der Badeanstalt ist das Tauchen verboten. Ganzjährig gilt eine Beschränkung, daß nur 50 Taucher pro Tag im Urisee tauchen dürfen, und wochenends berechtigt nur eine Mehrtagsbuchung im Hotel zum Tauchen im Urisee.

BESONDERHEITEN/GEFAHREN: Bitte unbedingt die geänderten Nullzeiten (Bergsee) beachten!

TAUCHSCHULEN, FÜLLSTATIONEN, TAUCHINFOS: • Sporthotel Urisee (Tauchbasis, Füllstation, Geräteverleih, Tauchschule), Brigitte und Peter Kuzmiak, A- 6600 Reutte, Tel.: 05672/23 01, Fax: 05672/230 14

ARZT: • Dr. Peter Mantl, Mühlerstr. 25, A-6600 Reutte, Tel.: 05672/42 66 • Dr. Reinhold Pröll, Zeillerstr. 7, A-6600 Reutte, Tel.: 05672/32 90 • Dr. Arnold Puri, Prof.-Dengel-Str. 3, A- 6600 Reutte, Tel.: 05672/3628 • Dr. Klaus Peter Moriggl, Obermarkt 26, A-6600 Reutte, Tel.: 05672/51 29 • Dr. Paul Mair (HNO-Facharzt), Fichtenstr. 1, A-6600 Reutte, Tel.: 05672/32 32; die nächsten *Dekokammern* in Innsbruck und München.

SONSTIGE FREIZEITAKTIVITÄTEN: Schwimmen (in den Seen, im Hallenbad oder im Freischwimmbad), Angeln (im Urisee nur mit Genehmigung des Sporthotels, sonst im Frauensee, im Plansee und im Heiterwanger See), Surfen, Paragleiten, Segelfliegen, Kegeln, Mountainbiking, Fahrradverleih, Radwandern, Reiten, Fitneß (Forstmeilen = Trainingsstrecken im Wald), geführte Höhenwanderungen, Klettern, Bergsteigen, Bergwandern, Almabtrieb von Tausenden von Schafen (im September), Kneipp-Anlage, Kutschenfahrten, Luftgewehrschießen, Minigolf, Tennis, Squash; im Winter: Alpinschi, Langlauf, Eislaufen, Eisschießen

KULTURANGEBOTE: Gastspiele heimischer Bühnen und der Höfener Dorfbühne, Zitherabende, Tiroler Abende, Alpenblumengarten an der Bergstation der Reuttener Bergbahn (1700 m ü.d.M., ca. 600 alpine Pflanzenarten)

TOURISTENINFO: • Tourismusverband Reutte und Umgebung, Postfach 150, A-6600 Reutte/Tirol, Tel.: 05672/23 36, Fax: 05672/54 22

Adrianne
Blue

Martina
inoffiziell

Ein ^EH^DE^IR^TA^NN^OT^N -Buch, erhältlich im guten Buchhandel.

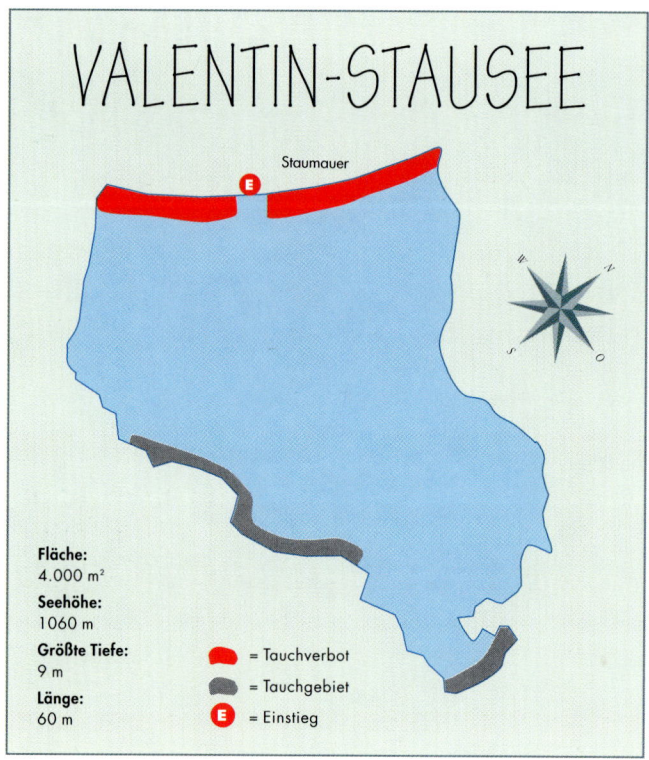

VALENTIN-STAUSEE

Staumauer

E

Fläche:
4.000 m²
Seehöhe:
1060 m
Größte Tiefe:
9 m
Länge:
60 m

= Tauchverbot
= Tauchgebiet
E = Einstieg

ZUFAHRT: Aus der BRD: München-Kufstein-Kitzbühel-Mittersill, weiter auf der Felbertauernstraße nach Lienz, Oberdrauburg, dann über den Gailbergsattel nach Kötschach-Mauthen oder über Salzburg auf der Tauernautobahn A10 bis Abfahrt Spittal, dann nach Oberdrauburg und weiter wie oben; von Ostösterreich auf der A2 bis zum Knoten Villach, dann auf die Tauernautobahn A10 (Richtung Spittal) wechseln und bei der Abfahrt Spittal die Autobahn verlassen, dann wie oben.

ALLGEMEINE BESCHREIBUNG: Der Valentin-Stausee liegt in einem Naturschutzgebiet. Dies sollte man stets berücksichtigen, auch schon bei der Zufahrt, viel mehr noch natürlich vor, während und nach dem Tauchgang. Sein Wasser ist türkisgrün und sehr klar. Er ist eingebettet in einen Felsendom mit einem 30 m hohen Wasserfall am Südende. Sehr fischreich, aber kalt! Aus dem Valentinsee, der der Familie Klauss-Lanzer vom Naturabenteuer-Hotel Post in Kötschach gehört, bezieht Kötschach seinen elektrischen Strom. Eine direkte Zufahrt ist nicht möglich. Man läßt sein Auto auf dem Parkplatz Kreuztratte (an der Plöckenpaßstraße gelegen) und geht rund 200 m zum Schaukraftwerk „Little World of Energy" für Alternativenergien, betritt dann den Margitstollen, durch den man zur Staumauer und dann zum Fischersteig Hotel Post gelangt.

BESTE TAUCHZEITEN: Vor der Schneeschmelze im Frühjahr und dann wieder im Herbst

FISCHE: Bach-, See- und Regenbogenforelle, Saibling

PFLANZEN: Kein besonders erwähnenswerter Bewuchs

TAUCHGEBIETE: Praktisch überall

BESONDERS INTERESSANT: Unter
dem Wasserfall stehen meist zahlreiche kapitale Fische, gute Tauchplätze auch an den 100 m über das
Wasser aufragenden steilen Felswänden.

TAUCHVERBOTE/SCHUTZZONEN: Tauchen ist grundsätzlich erlaubt, man
muß sich aber unbedingt an der Rezeption im Hotel Post in Kötschach anmelden. Dort bezahlt man öS 200,– pro Tag und Taucher. Für Anfragen: Tel.:
04715/221 oder Fax: 04715/222-53 oder -59.

BESONDERHEITEN/GEFAHREN: Alle Tauchplätze sind nur mit dem Ruderboot
zu erreichen. Achtung: Sperrzone vor der Staumauer, starke Strömung im Ein-
laufbereich! Halten Sie sich von etwaigen Anglern fern.

TAUCHSCHULEN, FÜLLSTATIONEN, TAUCHINFOS: Die nächsten sind am
Weißensee und in Villach (80 km entfernt), Füllmöglichkeit in Kötschach bei
der Feuerwehr.

ARZT: • Dr. Hans Lauchart, A-9640 Kötschach 444, Tel.: 04715/640. Die nächste *Dekokammer* in Graz.

SONSTIGE FREIZEITAKTIVITÄTEN: Rafting, Kajakkurse, Hydrospeed, Familien-
Flußbootwandern, für Kinder und Jugendliche: Aqua-Sol-Abenteuer, u.a. For-
schertag (Naturwissen für die Jugend), Forschertag (Fossiliensuche, Botanik
und Geologie), Winnetou-Land mit Indianerdorf, Tenniskurse, Reitschule,
Schnorchelkurse, Ballonfahren, Survivaltraining, Angeln, Fliegenfischen,
Tennis, Minigolf, Mountainbiking, Wandern, Radfahren; Kötschach ist ein
Kurort mit einem großen Angebot an verschiedensten Kuren.

KULTURANGEBOTE: Gailtaler Dom in Kötschach-Mauthen (spätgotische, dreischiffige Hallenkirche), Friedensmuseum in Kötschach-Mauthen, Wanderbesichtigung der völlig restaurierten Stellungen aus dem 1. Weltkrieg (mit Stollensystemen und Bunkern) auf dem Plöckenpaß, Geo-Trail zurück zu
500 Mio. Jahren Erdgeschichte (geführt), Schaukraftwerk Hydrosolar (Präsentation alternativer Energien)

TOURISTENINFO: • Kurverwaltung und Verkehrsverein Köttschach-Mauthen,
A-9640 Kötschach-Mauthen, Tel.: 04715/85 16, Fax: 04715/85 13-3

WEISSENSEE

Ortsee

In der Laka

Ronacherfels

Techendorf/
Weißensee

Fläche:
6,53 km²

Seehöhe:
930 m

Größte Tiefe:
99 m

Länge:
12 km

= Tauchgebiet

E = Einstieg

T = Tauchschule

F = Füllstation

P = Parkplatz

ZUFAHRT: Von Salzburg und aus der BRD über die Tauernautobahn A10 (Maut für Katschberg- und Tauerntunnel ca. öS 200,–), Abfahrt Knoten Spittal-Millstätter See auf die B100 bis Greifenburg, von dort Richtung Weißensee; von Ostösterreich Südautobahn A2 bis Villach, dann A10 Richtung Salzburg, Abfahrt Knoten Spittal-Millstätter See, weiter auf der B100 bis Greifenburg, dann Richtung Weißensee.

ALLGEMEINE BESCHREIBUNG: Der am höchsten gelegene Badesee der Alpen, Trinkwasserqualität: „reinster Badesee der Alpen". die höchste Wassertemperatur an der Oberfläche beträgt im Sommer 24°C. Die Sichtweite im Herbst bis 20 m, im Sommer wegen der Algenblüte und nach Regenfällen 5 bis 10 m, im Frühjahr wegen der Schneeschmelze kaum 3 m; Sichtiefe 10–30 m. Zahlreiche Sprungschichten und empfindlich kalte Stellen. Das Wasser ist wegen Kalkpartikeln für UW-Fotografen problematisch. Von Mitte Dezember bis Mitte März ist der Weißensee bis zu 50 cm dick zugefroren. Generelles Motorboot-Fahrverbot, man kann Elektroboote mieten.

BESTE TAUCHZEITEN: Mai/Juni und September/Oktober

FISCHE: Sehr fischreich, beeindruckend! Riesenhecht, Karpfen, Amur, riesige

Seeforellen, Schleien- und Weißfischschwärme, seltener: Zander, Große Aitel, Barsch und Reinanke

PFLANZEN: In der Uferzone oft Seerosen und viel Seegras, manchmal Schilf, sonst eher wenig Vielfalt

TAUCHGEBIETE: Bei der Tauchschule Willi Fladerer „Haus am See" (nur für Tauchschüler und Hotelgäste), bei beiden Techendorfer Strandbädern rechts und links der Brücke über den See und an allen Stellen, wo die Linienschiffe anlegen.

BESONDERS INTERESSANT: Unterirdische Quellen bei fast allen Ortschaften (jeweils zu erfragen), Steilwände im östlichen Teil des Sees: die Lakawand (nur mit E-Boot erreichbar, am besten von Neusach aus), gegenüber die Kleine Steinwand (Bedarfshaltestelle der Linienschiffe), Ronacherfels (bei Schiffsanlegestelle Ronacherfels); besonders phantastisch sind die riesigen Tannenbäume, die von den Hängen gestürzt sind, kreuz und quer liegen und mit einer dicken Schicht Seekreide bedeckt sind (Lakawand und vor dem Hotel „Dolomitenblick" bei der Schiffshaltestelle Ortsee, nur mit E-Boot erreichbar).

TAUCHVERBOTE/SCHUTZZONEN: Jeder Taucher muß eine Boje haben! Tauchverbote gelten zu Laichschonzeiten, Tauchverbot auch unmittelbar bei Anlegestellen der Linienschiffe, sonst keine besondere Genehmigung erforderlich.

BESONDERHEITEN/GEFAHREN: Der Weißensee ist sehr tief und recht kalt, bleiben Sie deshalb in den oberen Wasserschichten. (Achtung: Gefahr droht von der Linienschiffahrt!)

TAUCHSCHULEN, FÜLLSTATIONEN, TAUCHINFOS: • Tauchzentrum und Tauchshop Weißensee, Willi Fladerer und Hansi Losch, Tauchbasis, Tauchschule, Füllstation (Tauchkurse mit internationaler Abschlußprüfung nach CMAS, Spezialkurse auf Anfrage, Schnuppertauchen, Tauchgangsführung, Tauchbegleitung, Geräteverleih bis zum UW-Scooter) im Hotel „Haus am See", Besitzer Sonja und Helfried Berger, Techendorf 73, A-9762 Weißensee, Tel.: 04713/22 22, Fax: 04713/22 22-8

ARZT: • Dr. Alfred Müller, Techendorf, A-9762 Weißensee, Tel.: 04713/22 16. Die nächste *Dekokammer* ist in Graz.

SONSTIGE FREIZEITAKTIVITÄTEN: Linienschiffahrt von Mai bis Oktober, Segeln, Wasserschi (Techendorf-Süd), Windsurfen, Elektroboote, Ruderboote, Seewandern mit dem Kanu, Angeln (Fischergastkarte), 2 Strandbäder (Techendorf-Brücke, Techendorf-Süd), Reiten, Tennis, Bogenschießen, Minigolf, geführte Wanderungen, Radwandern, Mountainbiking, Eislaufen, Gesundheitszentrum in Naggl Die Gemeinde Weißensee ist ein heilklimatischer Kurort Durchzugsverkehr. Der gesamte See und seine Umgebung sind Landschaftsschutzgebiet, deshalb sind Autos am Seeufer generell verboten, es gibt aber ein Shuttleservice, die Hotelzufahrt ist erlaubt.

KULTURANGEBOTE: Blasmusikkonzerte, Imkereiführungen, Weinverkostung, Heilkräuterwanderung, täglich Sonderveranstaltungen (Programm beim Verkehrsamt Weißensee anfordern)

TOURISTENINFO: • Verkehrsamt Weißensee, Tel.: 04713/22 20-0, Fax: 04713/22 20-44

IN-LINE-SKATING

G. Pappert/K. Sindinger

SICHER, SCHNELL UND MÜHELOS

Der Lehr- und Lernbehelf für richtiges Skaten

Ein *HERANT*-Buch, erhältlich im guten Buchhandel.

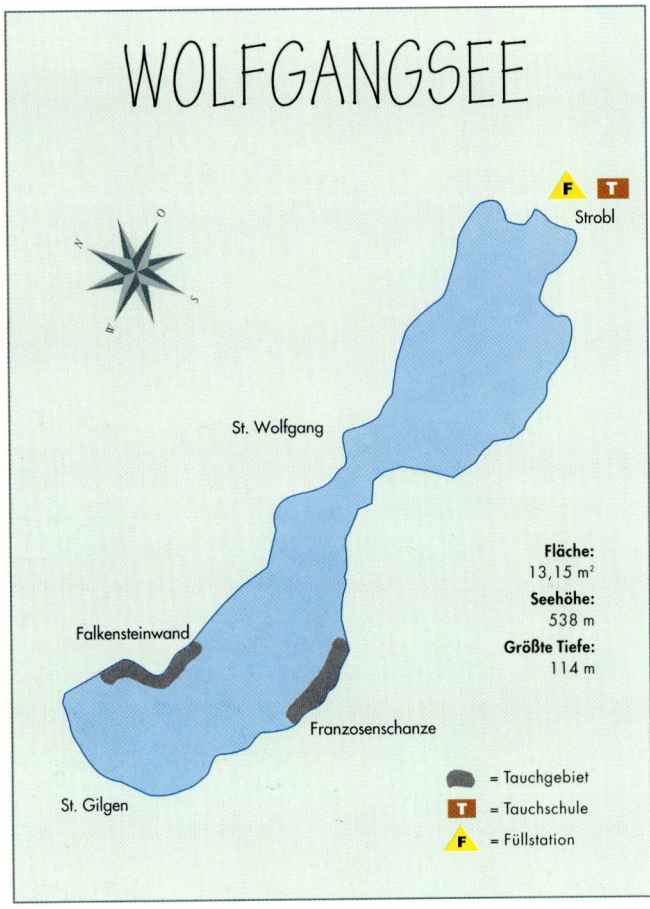

WOLFGANGSEE

Strobl

St. Wolfgang

Fläche:
13,15 m²
Seehöhe:
538 m
Größte Tiefe:
114 m

Falkensteinwand

Franzosenschanze

St. Gilgen

= Tauchgebiet
T = Tauchschule
F = Füllstation

ZUFAHRT: Über die A1, Abfahrt Mondsee, dann auf der B154 entlang des Westufers des Mondsees über Scharfling nach St. Gilgen (Nordende des Wolfgangsees), Stobl und St. Wolfgang.

ALLGEMEINE BESCHREIBUNG: Der Wolfgangsee ist einer der wärmsten Seen des Salzkammergutes, das kristallklare Wasser hat im Sommer durchschnittlich 24°C. Sein großer Bekanntheitsgrad rührt nicht zuletzt vom Hotel „Weißes Rößl" in St. Wolfgang und der gleichnamigen Operette von Ralph Benatzky her. St. Wolfgang ist ein berühmter Luftkurort.

BESTE TAUCHZEITEN: Im Frühjahr und vor allem im Herbst mit Sichtweiten von 5–10 m, im Winter für das Eistauchen geeignet

FISCHE: Karpfen, Forelle, Schleie, Saibling, Aitel, Reinanke, Barbe, Maräne, Weißfisch

PFLANZEN: Mittelmäßig bis nicht erwähnenswert, im Sommer blühen die Algen.

TAUCHGEBIETE: Auf der Salzburger Seeseite: Flachufer bei Strobl, Franzosenschanze bis Gasthof „Gamsjager", Fürbergbucht von Schiffsanlegestelle bis westlicher Beginn der Falkensteinwand; auf der oberösterreichischen Seite: zwischen dem Bootshaus Dr. Scheidt und der Schiffsanlegestelle Schafbergbahn, St. Wolfgang

BESONDERS INTERESSANT: Auf der Salzburger Seite: *der westlicher Teil der Falkensteinwand* (nur mit dem Boot zugänglich): Steilwand, sehr tief; *Franzosenschanze:* in 42 m Tiefe ein US-Panzer; *Fürbergbucht:* am Nordende, vielseitige Flora und Fauna, gute Motive für UW-Fotografen, besonders klares Wasser

TAUCHVERBOTE/SCHUTZZONEN: *Grundsätzlich* ist das Tauchen im Wolfgangsee (laut Auskunft der Salzburger Landesregierung) verboten. *Im Salzburger Teil* haben nur Mitglieder des TSVÖ, Gäste uber den ortsansäßigen Verein „Salzkammergut Aquanauten" (Verein für Tauchen und Unweltschutz) die Erlaubnis zum Tauchen. Ausgenommen ist die Zeit von 15. März bis 10. Mai, da ist das Tauchen ganz verboten.

In Oberösterreich ist die Taucherlaubnis derzeit auf Logiergäste von St. Wolfgang beschränkt. Anmeldung bei Nikolas Höpplinger, A-5360, Markt 32, St. Wolfgang, Tel.: 06138/30 66, erforderlich.

BESONDERHEITEN/GEFAHREN: Vorsicht vor Linienschiffen, Segelbooten und Surfern! Waffenfunde niemals berühren und unbedingt melden, sonst drohen hohe Geldstrafen!

TAUCHSCHULEN, FÜLLSTATIONEN, TAUCHINFOS: • Tauchsport Heinz, Dieter Heinz, A-5350 Strobl, Tel.: 06137/597 91, Fax: 06137/597 94, Tauchschule, Geräteverleih, Füllstation, Tauchshop, Service, Tauchreisen

ARZT: • Dr. Ferdinand Brandstätter, Strandbadstraße 303a, A-5350 Strobl, Tel.: 06137/393. Die nächsten *Dekokammern* sind in Graz und München.

SONSTIGE FREIZEITAKTIVITÄTEN: Strandbäder in Strobl und St. Wolfgang, Segeln, Surfen, Wasserschi, Bootsverleih (Tret-, Ruder-, Elektroboote), Linienschiffahrt mit dem historischen Schaufelraddampfer „Kaiser-Franz-Josef", Angeln, Tennis, Squash, Golf, Radwandern (Fahrradverleih), Wandern (alpines Gebiet, besonders beliebt ist die Postalm, Österreichs größtes Almgebiet

– kuhwarme Milch!), Seepromenade, Fitneßparcours, Seilschwebebahn von St. Gilgen aufs Zwölferhorn, Zahnradbahn von St. Wolfgang auf den Schafberg, Sommerrodelbahn in Strobl; im Winter: Alpinschi, Langlauf, Eislaufen, Eisstockschießen, Reiten, Pferdeschlittenpartien

KULTURANGEBOTE: Pfarrkirche in St. Wolfgang mit dem weltberühmten gotischen Flügelaltar von Michael Pacher, Geburtshaus der Mutter Mozarts und Wohnhaus seiner Schwester in St. Wolfgang, spätgotische Pfarrkirche in St. Gilgen mit Schnitzfiguren und Altargemälden aus der Nachfolge Paul Trogers, Kirche Hl. Sigismundus aus dem 18. Jh. in Strobl, Lipphaus aus dem 16. Jh. in Abersee, Ausflug Dachstein-Rieseneishöhlen in Obertraun, Salzbergwerke in Bad Ischl, Hallstatt, Hallein, Altaussee, Gebeinhaus in Hallstatt, Mozartstadt Salzburg

TOURISTENINFO: • Kurdirektion St. Wolfgang, A-5360 St. Wolfgang, Tel.: 06138/22 39, Fax: 06138/22 39-81 • Informationsbüro Strobl, A-5350 Strobl, Tel.: 06137/255 oder 348, Fax: 06137/59 58

„Camp Help"
Das Wunder der Schwerelosigkeit

Für gesunde Menschen ist das Tauchen eine zwar immer wieder aufregende, aber im Grunde doch stinknormale Sache. Was aber ist mit jenen, die körperlich behindert sind? Kann z.B. ein Querschnittgelähmter tauchen, obwohl er seine Beine nicht gebrauchen kann?

Er/sie/es kann: Vom Rollstuhl in den Taucheranzug. Es gibt dafür eigene Ausbildungscamps, die in Österreich vom Malteser Hospitaldienst organisiert werden. In einem Sportcamp für behinderte Menschen werden unter ärztlicher Leitung jedes Jahr 20 Querschnittgelähmte und vier Multiple-Sklerose-Kranke als Rehabilitation sowie zwecks sozialer Integration und Selbsthilfe in St. Gilgen am Wolfgangsee im Segeln und vor allem Tauchen unterrichtet. Das Erlebnis Tauchen bringt die sonst nie gekannte Schwerelosigkeit, die freie Beweglichkeit in drei Dimensionen. Dieser wunderbare Sport erhöht das Lungenvolumen und steigert das Wohlbefinden durch bessere O_2-Versorgung des Körpers. Unter Wasser lösen sich Muskelverkrampfungen, wodurch wiederum der Schmerz gelindert und der Muskelaufbau gefördert wird.

Daß bei diesen Tauchlehrgängen auch Multiple-Sklerose-Patienten mittun können, ist übrigens eine Weltneuheit. Salzburgs Landeshauptmann Katschthaler meinte dazu nach dem ersten „Camp Help" im Jahr 1993: „Camp Help hat eine Vorreiterrolle in Europa eingenommen." Und Peter König, einer der Camp-Teilnehmer, sagte, nachdem er die Tauchprüfung abgelegt hatte: „Seit meinem Unfall durch einen Kopfsprung ins Wasser waren mein Respekt und meine Zurückhaltung vor dem Wasser besonders groß. Ich mußte erst einmal Vertrauen in die Tauchlehrer und in die Geräte entwickeln. Am größten aber waren meine Freude und meine Neugierde. Das Tauchen ist für mich ein unverwechselbares Erlebnis durch die Entspannung der Spasmen und das einmalige Wohlbefinden unter Wasser ... Für mich bedeutet Camp Help Freude am Leben, Entspannung und neue Kraft ..."

Nähere Informationen beim Malteser Hospitaldienst Austria, Nonntaler Hauptstraße 56, A-5020 Salzburg, Tel: 0662/82 35 74, Fax: 0662/82 35 74-14.

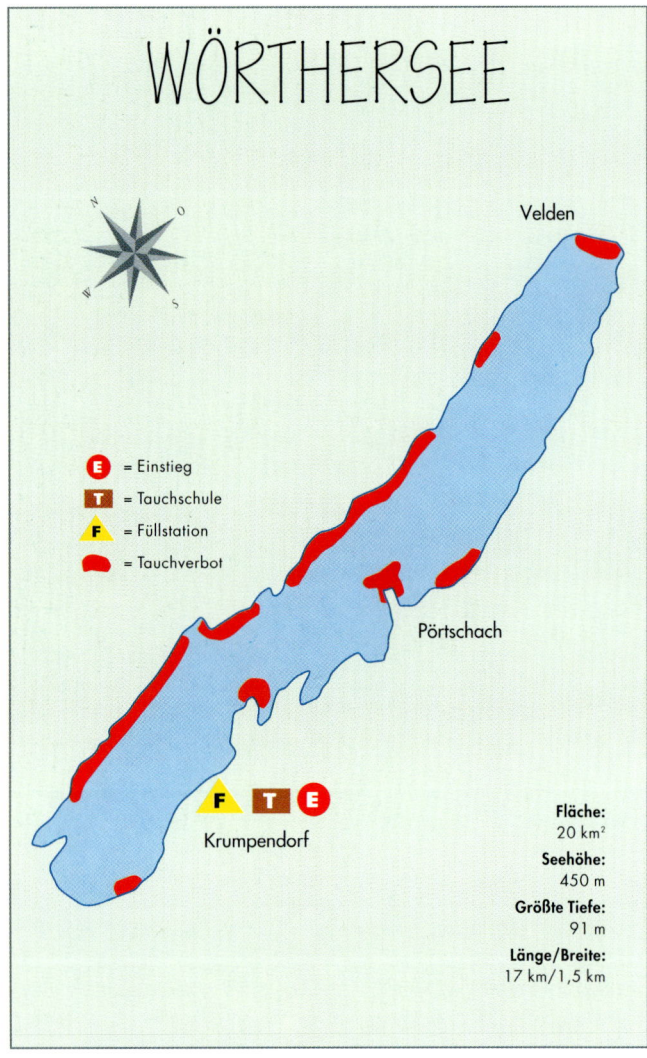

WÖRTHERSEE

E = Einstieg
T = Tauchschule
F = Füllstation
■ = Tauchverbot

Velden

Pörtschach

F T E

Krumpendorf

Fläche:
20 km²
Seehöhe:
450 m
Größte Tiefe:
91 m
Länge/Breite:
17 km/1,5 km

ZUFAHRT: Von Westösterreich und der BRD: über die Tauernautobahn A10 bis Knoten Villach, dann auf die A2, die entlang des Nordufers des Wörthersees führt. Es gibt mehrere Ausfahrten: Velden West, Velden Ost, Pörtschach West, Pörtschach Ost, Krumpendorf, Klagenfurt West, Klagenfurt See. Man kann auch die A2 in Velden West verlassen und auf der Bundesstraße B83 direkt am See entlang fahren; von Ostösterreich auf der Südautobahn A2 bis Klagenfurt, weiter siehe oben. Für Flugreisende bietet sich der Flughafen Klagenfurt an, der nur 4 km vom See entfernt liegt.

ALLGEMEINE BESCHREIBUNG: Der Wörthersee ist ein warmer und sehr klarer See. Er liegt in einem Gebiet, das zu den sonnigsten Mitteleuropas gehört. Durchschnittlich werden 2.000 Sonnenstunden pro Jahr gemessen. In den Schutzzonen entlang des Ufers brüten sehr interessante Vogelarten, z.B. Lachmöven, Höckerschwäne und das äußerst seltene Bläßhuhn. Dieser See ist ein ste-

hendes Gewässer. Der Wasseraustausch erfolgt alle 10,5 Jahre. Die Wassertemperatur beträgt im Sommer an der Oberfläche 25 °C, in 10 m Tiefe immer noch 14 °C (die Fremdenverkehrswerbung spricht vom wärmsten Alpensee Europas). Die Wasserqualität ist erstklassig, der Wörthersee zählt – wie alle anderen Kärntner Seen auch – zu den bakteriologisch am besten kontrollierten Seen Österreichs, die Zuflüsse sind ausschließlich geschützte Quellen. Die erste Sprungschicht ist auf 14–15 m Tiefe mit einem schlagartigen Temperaturwechsel von 14 auf 8 °C, damit verbunden schlechte Sicht (Lampe erforderlich). Die zweite Sprungschicht befindet sich in ca. 19–20 m Tiefe. Dort kühlt das Wasser dann auf 4 °C ab. Die Sichtweiten (von der Wasseroberfläche in die Tiefe gemessen): im Sommer bei Windstille von 0 bis 8 m klare Sicht, von 8 m bis etwa 1 m über Grund sehr trüb mit Schwebeteilchen, 1 m über Grund klar und dunkel. Im Frühjahr kommt es zu einer sehr starken Algenproduktion, die Sichttiefen werden dann drastisch um die Hälfte reduziert. Die maximale horizontale Sicht beträgt im Hochsommer und Herbst (beste Zeit für Taucher!) rund 8 m. Der Grund besteht zu 95 % aus Schlamm, der Rest ist felsig. Im Wörthersee kann man auch im Winter unter der meist dicken Eisdecke tauchen, da ist das Wasser besonders klar.

BESTE TAUCHZEITEN: Sicherlich der Herbst, aber auch der Spätsommer

FISCHE: Hecht, Karpfen, Zander, Barsch, Aal, Äsche, Wels, Forellenbarsch (nur mehr hier im Wörthersee!)

PFLANZEN: Seerosenfelder (strenger Naturschutz!)

TAUCHGEBIETE: Man muß sich nirgendwo anmelden, es werden auch keinerlei Gebühren eingehoben. Die besten Tauchgebiete liegen am Südufer, wo es schöne Steilufer mit Felswänden gibt. Freies Tauchen ist leider nicht mehr überall möglich, denn fast alle Seegrundstücke sind Privatbesitz – und da ist der Zugang praktisch unmöglich. Zugang hat aber einerseits jeder, der in einem Hotel oder in einer Pension direkt am See eingemietet ist, andererseits kann man auch über die öffentlichen Badeanstalten und Strandbäder ins Wasser gelangen. Einen schönen Privatstrand hat die Tauchschule Atlantis in Krumpendorf. Sonstige Tauchgebiete: am Nordufer und an den Steilwänden

am Südufer (hier gibt es auch ausreichend Parkplätze), der Anmarschweg beträgt in der Regel nur 50 bis 100 m.

BESONDERS INTERESSANT: Künstlich angelegte Fischnester mit riesigen Exemplaren von z.B. Hechten oder Welsen. Diese Fischnester sind von Ortsunkundigen nicht sehr leicht zu finden. Interessante Beobachtungen und UW-Foto- bzw. – Filmmöglichkeiten bieten sich vor allem in den Flachwasserzonen bis 9 m Tiefe. In diesem Bereich ist der Pflanzenbewuchs und die Artenvielfalt der Fische am größten. Bei Krumpendorf vor den Wedenig-Bungalows mit besonders reichhaltigem Pflanzen- und Fischbestand. Vor Pörtschach, Einstieg 50 m westlich der Kapuzinerinsel (nicht mit dem Auto erreichbar), ein Steilabfall, der in 15 m Tiefe beginnt und bis 50 m hinunterreicht. Ein Flugzeugwrack vor Krumpendorf in 40 bis 50 m Tiefe . Ein Leichenwagen in rund 50 m Tiefe zwischen Maria Wörth und der Villa Angerer.

TAUCHVERBOTE/SCHUTZZONEN: Schutzzonen sind überall dort, wo sich der Schilfgürtel ausbreitet. Auch die Seerosenfelder stehen unter strengstem Naturschutz. Verboten ist auch das Ein- und Aussteigen bei allen Anlegestellen für den Schiffsverkehr.

BESONDERHEITEN/GEFAHREN: Gefahr für den Taucher droht vom lebhaften Motorboot- und Schiffsverkehr, der auf dem gesamten See herrscht. Das Tauchen im freien Gewässer ohne Markierungsboje ist deshalb nicht zu empfehlen. Gefahren drohen auch von den für den Wörthersee typischen, plötzlichen Wetterumschwüngen. Der Wetterwinkel für Gewitter liegt im Westen. Wenn man z.B. in Pörtschach am Ufer steht und über Velden einen dunkelvioletten Himmel sehen kann, dann ist binnen einer halben und einer Stunde ein schweres Gewitter da. Dabei kann es zu starken Windböen und mittleren bis großen Wellen und Oberflächenströmungen kommen. Seit dem Ende des 2. Weltkriegs liegen auch im Wörthersee noch immer Unmengen von Waffen. Funde dürfen keinesfalls berührt werden und sind zu melden! Die Polizei kontrolliert ziemlich scharf. Illegalen Waffensammlern drohen hohe Geldstrafen und Gefängnis.

TAUCHSCHULEN, FÜLLSTATIONEN, TAUCHINFOS: • Tauchschule „Atlantis", Tauchbasis, Tauchschule, Füllstation, Gerald Christl, Koschatweg 69A, A-9201 Krumpendorf, Mobil-Tel.: 0663/04 99 89, Fax: 04229/27 78 • Tauchzentrum Velden, Klagenfurter Straße, A-9220 Velden, Tel.: 04274/31 93 oder 20 74 • Tauchshop Tauchsport Adria, St. Veiter Str. 15, A-9020 Klagenfurt, Tel.: 0463/550 62 • PDII (Professional Diving Instructors International) European Office im Hotel „Miralago" in Pörtschach (keine Tauchschule, sondern eine PDII-Zentrale für Instruktoren-Ausbildung), Ferdinand Macek, Bogenweg 28, A-9210 Pörtschach, Tel.: 04272/40 21, Mobil-Tel.: 0663/84 58 45. Weitere Füllstationen gibt es in Klagenfurt und in Villach. In kleinen Orten kann man sich außerdem auch an die Freiwillige Feuerwehr wenden. Die Feuerwehren haben unterschiedliche Füllzeiten und Preise, Näheres erfährt man vor Ort.

ARZT: • Dr. Walter Heyn, Hauptstr. 141, A-9201 Krumpendorf, Tel.: 04229/23 38, • Dr. Anton Seiwald, Lorbersteig 1, A-9201 Krumpendorf, Tel.: 04229/26 40, Dr. Anton Pruntsch, Moosburgerstr. 22, A-9201 Krumpendorf, Tel.: 04229/34 81, • Dr. Dieter Kopper, Bachweg 49, A-9201 Krumpendorf, Tel.: 04229/3003, • Allgemeines Unfall-Krankenhaus, Dr. Beuster, Waidmannsdorfer Str. 35, A-9020 Klagenfurt, Tel.: 0463/58 90, Mobil-Tel.: 0663/84 01 10; die nächste *Dekokammer* ist in Graz.

SONSTIGE FREIZEITAKTIVITÄTEN: Strandbäder in jeder Gemeinde, Reiten (Reitställe gibt es in Klagenfurt, Krumpendorf, Maria Wörth/Reifnitz, Pörtschach und Velden), Segeln, Wasserschi, Tuberiding, Parasailing, Windsurfen, Elektroboote, Ruderboote, Strandbäder, Hallenbäder, 162 öffentliche Tennisplätze (!), 4 Golfplätze (in Dellach, Velden-Köstenberg, Pörtschach-Moosburg-Krumpendorf-Techelsberg und Klagenfurt-Seltenheim), Wandern, Bergsteigen, Klettern, Radwandern entlang des Sees, Mountainbikestrecke in Pörtschach-Techelsberg

KULTURANGEBOTE: Landesmuseum in Klagenfurt, Ausgrabungsmuseum Magdalensberg in Pischelsdorf: Ausgrabungen aus der Römerzeit (ca. 1. Jh. v. Chr.) – 40 km Fahrt, die sich unbedingt lohnen! Freilichtmuseum Maria Saal: bäuerliches Leben in vergangenen Jahrhunderten, Kathreinkogel: urgeschichtliche Ausgrabungen der ältesten Siedlung im Ostalpenraum aus der Zeit von ca. 1200 v. Chr. in Schiefling, Terra Mystica: 250 m tief unter der Erde der Entstehungsgeschichte der Welt nachspüren in Bad Bleiberg, Burg Hochosterwitz: vollständig erhaltene mittelalterliche Burganlage, Ruine Landskron mit Adlerflugschau

TOURISTENINFO: • Wörthersee Information, A-9020 Klagenfurt, Tel. und Fax: 0463/547 77 • Kurverwaltung Krumpendorf, A-9201 Krumpendorf, Tel.: 04229/23 13, Fax: 04229/31 71 • Pörtschach-Information, A-9210 Pörtschach, Tel.: 04272/28 10-17, Fax: 04272/37 70 • Wörthersee Information, Postfach 44, A-9220 Velden, Tel.: 04274/21 03, Fax: 04274/510 78

ZELLER SEE

Zell am See

Fläche:
4,7 km²
Seehöhe:
750 m
Größte Tiefe:
68,75 m
Länge/Breite:
4 km/1,3 km

T = Tauchschule
E = Einstieg
= Tauchgebiet
= Tauchverbot

ZUFAHRT: Von Westösterreich auf der Inntalautobahn bis Abfahrt Wörgl, von dort über St. Johann auf der B312 nach Saalfelden, weiter auf der B311 nach Zell/See; von der BRD BAB8 Abfahrt Bad Reichenhall, auf der B20 bis Bad Reichenhall und weiter auf der B21 bis zum Grenzübergang Steinpaß, auf der österreichischen B312 (Loferer Bundesstraße) bis Lofer, dann auf der B311 über Saalfelden nach Zell/See; von Ostösterreich auf der Westautobahn A1 bis Knoten Salzburg, dann auf die Tauernautobahn A10 wechseln, beim Knoten Pongau abfahren und auf der B311 bis Zell/See.

ALLGEMEINE BESCHREIBUNG: Der Zeller See gehört zu den reinsten Badeseen Österreichs. Dieser reine Alpensee wird weder biologisch noch hygienisch belastet. Der in der einmalig schönen Landschaft der Europa-Region Kaprun-Zell am See gelegene See wird im Norden von den Kalkalpen, im Süden von den Hohen Tauern begrenzt, und im Osten und Westen sieht man auf die grünen Schieferalpen hinauf. Das Wasser erwärmt sich im Sommer schnell, weil der See keine Gletscherbäche als Zuflüsse hat, und erreicht 25°C. Ein besonders angenehmes, mildes Klima herrscht in den Herbstmonaten. Im Winter friert der See zu. Seine starke Eisdecke (bis 50 cm dick) hält gewöhnlicherweise bis Ende März. Sogar kleine einmotorige Sportflugzeuge können auf der Eisdecke bedenkenlos landen. Am südlichen Ufer werden im Winter die bekannten Pferderennen auf Eis veranstaltet. Durch starke Sumpfgasentwicklung bleiben jedoch auch im Winter etwa 100 Brunnlöcher offen. Seit Jahrhunderten war der Zeller See ein für die Fischerei sehr bedeutsames Gewässer. Die Fischereirechte besaßen die Salzburger Fürsterzbischöfe als ein landesfürstliches Regal. Besonders im Mittelalter war der Zeller See als Reinankenlieferant weit und breit bekannt. Seit 1860 ist der See im Besitz der Gemeinde Zell am See.

BESTE TAUCHZEITEN: Frühjahr und Herbst

FISCHE: Hecht, Forelle, Zander, Reinanke, Rotauge, Schleie, Brachse, Barsch

PFLANZEN: Etliche ausgedehnte Schilfzonen an Flachufern, sonst guter Bewuchs

TAUCHGEBIETE: Einstiegsmöglichkeit beim Aqua Center Tauchschule Scholz in Zell am See

BESONDERS INTERESSANT: Für UW-Fotografen sehr viele Fische und UW-Flora

TAUCHVERBOTE/SCHUTZZONEN: Das Tauchen im Zeller See ist gebührenfrei, aber man muß sich bei der Stadtgemeinde Zell oder bei der Wasserrettung (im Strandbad Schüttdorf) anmelden. Gesperrt sind für Taucher natürlich die Schongebiete und auch das Gebiet der Wasserschischule.

BESONDERHEITEN/GEFAHREN: Achtung auf Motorboote, Segler und Surfer

TAUCHSCHULEN, FÜLLSTATIONEN, TAUCHINFOS: • Aqua Center Tauchschule Scholz, Ausbildung, Füllstation, Geräteverleih, Service im Grand Hotel (ein Partner der Tauchschule, daher besonders taucherfreundlich), A-5700 Zell am See, Tel.: 06542/23 88 • Tauchshop: Sporthaus Scholz, Tauchabteilung, Bahnhofstr. 13, A-5700 Zell am See, Tel.: 06542/26 06, Fax: 06542/26 13

ARZT: • Sportarzt Dr. Wolfgang Spora, A-5700 Zell am See, Tel.: 06542/572 88. Die nächste *Dekokammer* ist in Innsbruck.

SONSTIGE FREIZEITAKTIVITÄTEN: Schwimmen, Segeln, Surfen, Wasserschi, Ruder- und Elektroboote, Kanufahren, River-Rafting, Angeln, Golf, Tennis, Squash, Reiten, Schießen (Kleinkaliber, laufender Keiler, Luftgewehr, Luftpistole), Mountainbiking, Radwandern, Bergsteigen, Klettern, Gletschersafaris, Segelfliegen, Motorflug, Drachenfliegen, Paragleiten, Fitneßparcours, alle Wintersportarten

KULTURANGEBOTE: Musikkonzerte in Kirchen, Platzkonzerte, Schloß Rosenberg (Kunstgalerie)

TOURISTENINFO: • Kurverwaltung Zell am See, A-5700 Zell am See, Tel.: 06542/26 00, Fax: 06542/20 32

Verbotene Träume

Niemand kann einem anderen verbieten, zu träumen. Träumen wir einmal davon, daß alle Menschen gut zueinander sind, und daß alle Seen nicht nur für Badende, sondern auch für Sporttaucher frei zugänglich seien. In der Wirklichkeit des österreichischen Alltags ist das freie Tauchen leider ein verbotener Traum. Denn es nimmt die Zahl jener österreichischen Gewässer, in denen nicht mehr getaucht werden darf, zu. So war z.B. der Faakersee 1994 noch erlaubt – seit 1995 steht er auf der Liste der „Off-limit"-Seen. Oder anders: In Kärnten gibt es etwa 100 mehr oder weniger große Gewässer – nur ein armseliges Dutzend ist für jedermann betauchbar. In den anderen Bundesländern ist das (Un-)Verhältnis ähnlich oder noch schlimmer. Hier nun die Liste der „verbotenen Träume":

Alatsee/TIROL	**Hechtensee**/STEIERMARK
Augstsee/STEIERMARK	**Hechtsee**/TIROL
Baßgeigensee/KÄRNTEN	**Heiterwangersee**/TIROL
Bodensee/STEIERMARK	**Herzsee**/KÄRNTEN
Borsee/NIEDERÖSTERREICH	**Hieflauer Stausee**/STEIERMARK
Brunnsee/STEIERMARK	**Hinterer Gleinkersee**/OBERÖSTERREICH
Dürrsee/STEIERMARK	**Hinterer Lahngangsee**/STEIERMARK
Erlauf Stausee/NIEDERÖSTERREICH	**Hinterer Langbathsee**/OBERÖSTERREICH
Faakersee/KÄRNTEN	**Hintersee**/SALZBURG
Feistritzer Stausee/KÄRNTEN	**Hintersteinersee**/TIROL
Forstsee/KÄRNTEN	**Hubertussee**/STEIERMARK
Frauensee/TIROL	**Hundsfeldsee**/SALZBURG
Galgenbichl Vorspeicher/KÄRNTEN	**Hüttensee**/STEIERMARK
Goggausee/KÄRNTEN	**Jägersee**/SALZBURG
Gößkars Speichersee/KÄRNTEN	**Kammersee**/STEIERMARK
Großglockner Lacke/KÄRNTEN	**Karwassersee**/SALZBURG
Großsee/KÄRNTEN	**Kegele See**/KÄRNTEN
Grünsee/STEIERMARK	**Keutschacher See**/KÄRNTEN
Grünwaldsee/SALZBURG	**Klopeinersee**/KÄRNTEN
Haldensee/TIROL	**Krottensee**/OBERÖSTERREICH
Hartlsee/STEIERMARK	**Krummsee**/TIROL

Lansersee/TIROL

Laudachsee/OBERÖSTERREICH

Leopoldsteiner See/STEIERMARK

Linsendorfer See/KÄRNTEN

Lüner See/VORARLBERG

Lunzer Mittersee/STEIERMARK

Lunzer Obersee/STEIERMARK

Maltschacher See/KÄRNTEN

Melniksee/KÄRNTEN

Mittersee/TIROL

Nussensee/OBERÖSTERREICH

Oberer Schönalmsee/SALZBURG

Ödensee/STEIERMARK

Ödseen/OBERÖSTERREICH

Offensee/OBERÖSTERREICH

Oschenikseen/KÄRNTEN

Pfarrteich/STEIERMARK

Piburgersee/TIROL

Rauschelesee/KÄRNTEN

Rosensee/KÄRNTEN

Sackwiesensee/STEIERMARK

Salza-Altwasser/STEIERMARK

Salza-Stausee/STEIERMARK

Schwarzensee/OBERÖSTERREICH

Seewaldsee/SALZBURG

Silvrettastauseen/VORARLBERG

Spechtensee/STEIERMARK

Stappitzer See/KÄRNTEN

Starkenbergersee/TIROL

Tappenkarsee/SALZBURG

Tauermoossee/SALZBURG

Teufelssee/STEIERMARK

Thiersee/TIROL

Toplitzsee/STEIERMARK

Turner See/KÄRNTEN

Türnsee/STEIERMARK

Unterer Rotgüldensee/SALZBURG

Unterer Schwarzsee/SALZBURG

Vilsalpsee/TIROL

Vorderer Lahngangsee/STEIERMARK

Wienerbruck Stausee/NIEDERÖSTERREICH

Wildensee/OBERÖSTERREICH

Wolayersee/KÄRNTEN

Zauchensee/SALZBURG

Zenzersee/STEIERMARK

Zmulnersee/KÄRNTEN

Deko-Unfall – was tun, wenn etwas passiert ist?

Zu einem Deko-Unfall kann es kommen, wenn wir zu rasch auftauchen oder die Dekopausen laut Tabelle oder Tauchcomputer nicht einhalten. Dann kann der Stickstoff im Blut nicht abgeatmet werden, es kommt zur Gasblasenbildung im Blut mit Embolie.

Wie können wir einen Deko-Unfall am besten verhindern?

● Indem wir nur Nullzeittauchgänge durchführen, nur einmal pro Tag tauchen und stets einen Sicherheitsstop von 3 Minuten in 3 m Tiefe einhalten.

Wenn – was wir nicht hoffen wollen – doch ein Unfall passiert ist, dann sollten Sie sofort Erste-Hilfe-Maßnahmen einleiten, weil man nie wissen kann, wie sich ein Deko-Unfall entwickelt.

Was ist bei einem Deko-Unfall sofort zu tun?

● Taucher bergen, Taucher mit dem Oberkörper tief, seine Beine hoch lagern, sofort mit Erste-Hilfe-Maßnahmen beginnen:
● bei Bewußtlosigkeit Herzmassage sowie Mund-zu-Mund- oder Maskenbeatmung durchführen, gleichzeitig einen der Ärzte anrufen, die beim jeweiligen See angeführt sind (wenn kein Arzt verfügbar: Notruf 144);
● Erste Hilfe durch den Arzt: Theomakrodex 500 ml i.v., Analgetika nach Bedarf,

- bei Masken-Atmung (AMBU-Beutel) bereits Sauerstoff anschließen;
- wenn der Taucher wieder atmet, mit dem Verunfallten reden und ihn/sie beruhigen, dann Plastik-Maske dicht aufsetzen, seitliches Luftgitter verkleben und soviel O_2- nm- Reduzierventil zugeben, daß der Beutel an der Maske stets gebläht bleibt;
- Transport vorbereiten, denn nur in einer Dekokammer können bleibende Schäden vermieden werden,
- Pkw als Einsatzfahrzeug markieren, am besten mit einem gewendeten Tauchanzug (Innenseite nach außen) auf dem Dach,

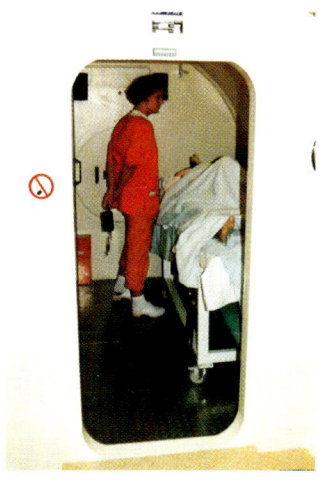

- Pkw-Transport zur Dekokammer, falls keine Air-Ambulanz den Verunglückten abholen kommt,
- Telefonkontakt mit Dekokammer herstellen und Antworten auf die Fragen wer? Tiefe? Ort? Zeit? PKW-Markierung? Fahrtroute? Rückruf-Telefonnummer? zurechtlegen.
- Abhängig von den Gegebenheiten wird der Verunfallte entweder mit einem Flugzeug (Hubschrauber) abgeholt (Dekokammer Innsbruck), oder es fährt oder fliegt (z.B. von Graz) ein Taucherarzt entgegen. In Graz steht auf alle Fälle ein Lotsendienst vom Stadtrand zum Landeskrankenhaus bereit.
- Flüssigkeitszufur (vorsichtig!) nicht vergessen!

Und das sind alle erreichbaren Dekokammern:

- *Dekokammer Innsbruck:* in der Universitätsklinik Innsbruck, kann über die Tyrolean Air Ambulance, *Tel.: 0512/224 22,* angefordert werden. Sie ist mobil und wird dann eingeflogen (24-Stunden-Dienst)
- *Dekokammer Graz:* Klinische Abteilung für Thoraxchirurgie und hyperbare Chirurgie an der Universitätsklinik für Chirurgie im Landeskrankenhaus Graz, *Tel.: 0316/385 28 03* (Stationsschwester, 24-Stunden-Dienst), Steuerpult der Druckkammer *Tel.:0316/385 28 27*
- *Dekokammer Wien:* Arbeiter-Samariter-Bund ASB-Wien West, Hütteldorfer Str. 260, A-1140 Wien, *Tel.: 0222/914 47 01* (auch Tauchtauglichkeitsuntersuchungen)
- *Dekokammer München: Tel. aus Österreich: 0049/89/40 19 81*

Bibliographie

Frei, Herbert: Tauchreiseführer Österreich/Salzkammergut, Stuttgart 1988
Frei, Herbert: Tauchreiseführer Kärnten, Stuttgart 1994
Frei, Herbert: Tauchreiseführer Steiermark, Stuttgart 1995
Diverse Ausgaben von:
„Aquanaut", Dillier & Co-VIP Media Verlag, Scherzingen
„Tauchen", Jahr-Verlag G.m.b.H. & Co., Hamburg
„Unterwasser", Olympia Verlag G.m.b.H., Nürnberg

Impressum

ISBN 3-901377-03-4
Copyright by Edition HERANT-Verlag Sportmagazin
Alle Rechte vorbehalten
Grafische Gestaltung: Jo Santos
Fotos: S. 17: Fremdenverkehrsverband Maurach. S. 18: Seeling. S. 21: Seeling (2).
S. 24: Österreichwerbung. S. 28: Österreichwerbung. S. 33: Fremdenverkehrsverband Attersee / Österreichwerbung. S. 34: Fremdenverkehrsverband Attersee-Schörfling / Österreichwerbung. S. 35: Seeling. S. 37: Franz Milz Verlag. S. 38: Seeling. S. 39: Seeling. S. 41: Seeling. S. 42: Verkehrsamt Feld am See. S. 45: Tourismusverband Gerlos-Zillertal. S. 47: Seeling. S. 48/49: Gemeindeamt St. Sebastian. S. 53: Tourismusverband Nassereith/Hotel Fernsteinsee. S. 55: Seeling. S. 57: Gemeindeamt Zell/Sele. S. 59: Hotel Schloß Fuschl, S. 61: Tourismusverband Spital am Pyhrn, S. 63: Tourismusverband Gosau am Dachstein. S. 67: Tourismusverband Ausseer Land/Ralf Tornow; Seeling. S. 69: Seeling. S. 71: Seeling. S. 72: Seeling. S. 79: Tourismusverband Obertraun, Dachstein. S. 86: Tourismusbüro Ebensee. S. 89: Verkehrsbüro Längsee-Hochosterwitz (2). S. 91: Gästedienst Lunz am See. S. 93: Seeling. S. 95: Kurverwaltung Millstatt. S. 96 oben: Kurverwaltung Millstatt, 96 unten: Seeling. S. 97: Seeling. S. 99: Seeling. S. 100: Tourismusbüro Mondseeland. S. 104: Klotz. S. 109: Verkehrsamt Steindorf. S. 110: Seeling. S. 113: Fremdenverkehrsverein St. Ulrich am Pillersee. S. 115: Franz Milz Verlag. S. 117: Seeling. S. 118: Verkehrsamt Hermagor. S. 121: Design Schladming. S. 122: Seeling. S. 125: Seeling. S. 127: Fremdenverkehrsverband Ebensee. S. 128: Tourismusverband Traunkirchen. S. 129: Tourismusverband Traunkirchen. S. 130: Tourismusverband Traunkirchen. S. 131: Seeling. S. 134: Tourismusverein Turracher Höhe. S. 135: Seeling. S. 137: Franz Milz Verlag. S. 141: Hotel Post, Kötschach-Mauthen. S. 143: Seeling. S. 144: Foto Fenz. S. 147: Seeling. S. 148: Kurdirektion St. Wolfgang. S. 151: Wörthersee Information. S. 152: Seeling. S. 155: Europasportregion Zell am See-Kaprun/Albin Niederstrasser, Cover: Seeling.
Litho: Media & Grafik
Druck & Bindearbeiten: Laber Druck/Oberndorf bei Salzburg